散户的优势

期权场内交易策略

THE
MARKET
TAKER'S
EDGE

Insider Strategies From the
Options Trading Floor

［美］丹·帕萨雷里（Dan Passarelli）著

韩冰洁 译

机械工业出版社

CHINA MACHINE PRESS

Dan Passarelli. The Market Taker's Edge: Insider Strategies from the Options Trading Floor.

ISBN 978-0-07-175492-7

Copyright © 2011 by McGraw-Hill Education.

北京市版权局著作权合同登记　图字：01-2022-1640 号。

图书在版编目（CIP）数据

散户的优势：期权场内交易策略 /（美）丹·帕萨雷里（Dan Passarelli）著；韩冰洁译 . —北京：机械工业出版社，2023.10
书名原文：The Market Taker's Edge: Insider Strategies from the Options Trading Floor
ISBN 978-7-111-73544-1

Ⅰ.①散…　Ⅱ.①丹…　②韩…　Ⅲ.①期权交易　Ⅳ.① F830.91

中国国家版本馆 CIP 数据核字（2023）第 154346 号

机械工业出版社（北京市百万庄大街22号　邮政编码100037）
策划编辑：王　颖　　　　　　　责任编辑：王　颖
责任校对：丁梦卓　刘雅娜　陈立辉　责任印制：李　昂
河北宝昌佳彩印刷有限公司印刷
2023 年 11 月第 1 版第 1 次印刷
170mm × 230mm · 16印张 · 188千字
标准书号：ISBN 978-7-111-73544-1
定价：79.00元

电话服务　　　　　　　　　　　网络服务
客服电话：010-88361066　　　　机 工 官 网：www.cmpbook.com
　　　　　010-88379833　　　　机 工 官 博：weibo.com/cmp1952
　　　　　010-68326294　　　　金 　书 　网：www.golden-book.com
封底无防伪标均为盗版　　　　　机工教育服务网：www.cmpedu.com

献给凯瑟琳、萨姆和伊莎贝尔

目　录

序

这确实是期权行业的一个新曙光。直到最近，与非专业的个人交易者（散户）相比，专业交易者还有两大优势——技术和交易成本。计算机和互联网在很大程度上消除了专业交易者的技术优势，不断进步的技术也减少了个人交易者（散户）的交易佣金。同样重要的是，可供交易的期权产品越来越多，很多期权在多家交易所挂牌交易，由此引起的交易所与做市商之间的相互竞争，已使买卖价差收窄至专业交易者不再具有优势的地步。

但专业人士和非专业人士之间仍然存在着显著的差异，个人交易者（散户）理解这些差异是至关重要的。交易行业需要的是一本书，它能将专业交易经验和实践知识带给自我驱动的个人交易者（散户），这就是丹·帕萨雷里在这本书里所要表达的。本书提供了一个信息丰富、全面并且有趣的视角，从长期专业交易者、个人交易者（散户）和交易培训者的视角来看待期权交易业务。

在回顾了期权基础知识并介绍了适合非专业交易者的各种策略（第1章至第4章）之后，帕萨雷里在第5章和第6章中给出了与非专业交易者交易的"另一边"——做市商心态的第一手描述。非专业交易者，或者帕萨雷里所说的市场接受者，可以在很多方面受益于帕萨雷里的洞察力。第一，非专业交易者必须了解他们是如何赚钱的，还要知道为什么他们的赚钱模式与做市商不同（第 11 章、第 15 章及其他章节）。第二，非专业交易者必须明白为什么他们不应该害怕做市商，做市商不是敌人（第 6 章）。帕萨雷里证明了市场接受者和做市商作为同一交易的对手方，由于采用了不同的策略和时间框架，双方均可以从交易中获益。第三，非专业交易者必须专注于交易中真正重要的东西。第四，与前三点同样重要的是，非专业交易者必须知道什么是不重要的（第 5 章）。

帕萨雷里还让可怕的"V"，即波动性（Volatility）变得通俗易懂。在第 13 章和第 14 章（以及前面关于期权价格行为的讨论）中，帕萨雷里讨论了波动性的相关内容，有一些是学术的，有一些是实用的，但它们都是必不可少的，是每个期权交易者都需要知道的。在这本书中，帕萨雷里忽略了弥漫在这个行业中的喧嚣和炒作，专注于关键概念，为我们提供了清晰明确的信息。

交易心理是交易的重要组成部分。贯穿全书，帕萨雷里讨论了成功交易者的特征。他的许多故事讲述了他是如何在交易大厅中一点点进步的，并分享了他交易生涯的起起落落，这些故事有助于培养正确的交易心态。

在第 7 章、第 8 章和第 9 章中，帕萨雷里详细介绍了报出期权指令这一非常重要的技术问题。他讨论了交易者需要知道的事情，从他们自己的预测和紧迫性，到交易另一端的做市商的想法。这使得帕萨雷里的书成为一本有价值的交易执行指南。

帕萨雷里引人入胜的写作风格和处处可见的幽默故事使本书成了一本必不可少且有趣的期权教育图书。无论对于初学者还是有经验的交易者，这都是一本很棒的书。它既有信息量，又有趣，是我的期权交易必读书。

吉姆·比特曼

2011 年 2 月

致 谢

在我从事期权行业的整个职业生涯中，很多人都对我产生了影响。本书的读者是我从这些人身上学到的知识的受益者，也是我和他们一起经历的许多故事的受益者。

首先，我要特别感谢吉姆·比特曼，他开启了我作为培训师和作者的职业生涯。同样感谢芝加哥期权交易所（CBOE）期权研究所的黛布拉·彼得斯和马蒂·卡尼，他们在我努力成为期权培训师的过程中给了我很多帮助。

感谢鲍勃·柯克兰和已故的史蒂夫·福塞特，他们都帮助了我，让我有机会成为一名交易员。

感谢麦格劳 - 希尔（McGraw-Hill）教育出版公司的团队，尤其是珍妮弗·阿什肯纳齐（Jennifer Ashkenazy），感谢她给予我的所有帮助、支持和机会。

感谢我的妻子凯瑟琳和孩子们——萨姆和伊莎贝尔，感谢他们在本书写作过程中所付出的耐心和支持。

最重要的是，我要感谢芝加哥的交易世界。自从1993年我第一次踏入交易大厅以来，许多交易员、经纪人、场内经纪助理、驳脚经纪（Runner）、前中后台工作人员、作家、出版商、培训师、交易所（特别是芝加哥期权交易所和芝加哥商品交易所集团）的员工以及行业高管一直在帮助我。我喜欢成为这个群体的一员，我很高兴有机会回馈这个群体。

免责声明与披露

　　这本书既是作者在期权行业职业生涯的故事集，也是一本教育指南。作者写这本书的目的既是娱乐读者，让读者对期权有更多的了解，也是让读者能更好地成为一名自我驱动的交易者。这本书显然不是为了提供建议。

　　本书中的许多结论仅代表作者的个人观点，不应被理解为事实。这本书并不提倡特定的交易系统或方法，只是提供一般意义上的培训。作者已经尽了最大努力保证准确性，但不能保证完全准确。

　　本书中讨论或隐含的任何策略，包括使用实际证券和实际价格数据的例子，仅限于说明性和教育性目的，不得将其解释为买卖任何金融工具的背书、推荐或诱导。这些例子可能基于事实或历史数据，也可能不是。

　　为了简化计算，本书中的例子可能不包括佣金、费用、保证金、利息、税或其他交易成本。各类交易成本会影响所有股票、商品、债券、期权或其他金融工具的交易结果，投资者在进行任何交易之前都必须充分考虑这些成本。投资者应就税的问题咨询税务顾问。过去的表现并不能保证未来的结果。

　　期权涉及风险，它并不适合所有投资者或交易者。尽管本书的大部分内容都集中在期权交易风险上，但还有些市场状况或情景可能会产生独特的风险，本书并未涉及。在买卖期权之前，你应该阅读一下《标准化期权的特征和风险》（*Characteristics and Risks of Standardized Options*），你可以通过你的经纪人，或者从位于伊利诺伊州芝加哥瑞士银行大厦的期权清算公司（Options Clearing Corporation，OCC）获得这一读物的副本。

我的故事

芝加哥的拉塞尔大街下着雨。任何一个充满活力的农产品交易者都知道，雨水造就了粮食。就在那里，就在那一天，和之前的许多交易员一样，我播下了我在期权业务中的第一粒种子。从此，我再也没有回头。

这是个常见的故事。大学毕业几天后，我穿上我最好的西装（这也是我最差的西装，但那时它是我唯一拥有的西装），敲遍了芝加哥贸易委员会大楼里的每一扇门。我递出简历，做了自我介绍。我想找一份工作，职员、驳脚经纪、扫地工，什么都行。我只想去那个交易大厅。

我在芝加哥上大学，距离交易所只有几步之遥。有很多次，我利用课余时间坐在其中一个交易大厅的访客席里观察、学习、幻想。虽然我还不知道这一切是如何运转的，但我知道这就是我想去的地方。

事实上，命中注定一般，我真的踏入了那扇门，走进了交易大厅。我大学毕业后的第一份工作是在芝加哥期货交易所（CBOT）当一名驳脚经纪，该交易所现在是芝加哥商品交易所集团的一部分。当我的朋友们开始他们的职业生涯时，他们的入门级工作年薪是3万～4万美元，而我的第一份工作年薪是 9000 美元，但我却感受到了作为年轻人最大的幸福。

不是我不想赚钱，事实上那时我一文不名。我曾做过几份兼职（服务员、电话销售员、花店送货员、乐队经理，等等），以支付芝加哥林肯公园附近公寓的房租，我的室友和我亲切地戏称这间公寓是"未经雕琢的璞玉"。但所有交易员都必须以这样或那样的方式支付他们的教育费用。我的方式是放弃大部分短期、潜在的薪水，以便接触到交易界的一些最优秀的人才。事实证明，这是我花得最值的一笔钱。

在交易大厅里，我接触到了许多交易风格、交易技巧和交易哲学。交易大厅是一个面面俱到的知识池，我从一个人那里学到了技术分析，从另一个人那里学到了市场机制，又从第三个人那里学到了期权交易技巧。我身处期权交易宇宙的中心。由于我在交易大厅积累了经验，所以我比大多数踏上成为交易员之旅的人都有优势。我可以接触到人们想要的所有信息，就在那样的一个大厅里——一个非常大的房间。这些信息通过口口相传的方式从一个交易大厅的交易员传到另一个交易员。口口相传是所有场内交易员学习技能的方式。但信息并不总是免费的，知识是交易大厅内最珍贵的商品。

作为一名驳脚经纪，我职业生涯中的下一个合乎逻辑的发展阶段是成为一名场内电话经纪助理或场内套利经纪助理。在那个时候（大约 1993 年），场内电话经纪助理是交易过程中不可或缺的一部分。场内电话经纪助理通过电话接受交易者的订单，然后将交易要素写在订单上，再把纸质订单交给驳脚经纪，让他们送到交易池里的经纪人手里，场内电话经纪助理也可以直接把订单信息传递到交易池内。场内电话经纪助理是驳脚经纪的老板。

我当时作为驳脚经纪，为之服务的场内电话经纪助理自然而然应该是那个能将我培养成一名场内电话经纪助理的人，然而他不愿这样做，他对任何可能有助于我升迁到他的职位的信息都守口如瓶。显然，我成为场内电话经纪助理的机会很小。

我决定走另一条路，那就是成为一名场内套利经纪助理。场内套利经纪助理是站在交易池外围，为交易池内的经纪人和场内电话经纪助理传递市场信息的人。（注意，具有讽刺意味的是，这份工作与实际套利几乎没有关系。）场内套利经纪助理利用被称作套利（"arb"或"arbing"）的场内交易手势进行交流。这份工作会让我更接近行动。我听说有经纪人在找一个场内套利经纪助理，于是我申请了这份工作。

说我申请了这份工作其实不太准确，因为这个过程有点不正式。特别是在那个年代，交易大厅里申请工作的规则与其他行业有些不同。规则一，简历在大多数时候并不是真正必要的。如果你把一份简历（尤其是用花哨、有质感的简历纸写的简历）交给场内交易者，面试你的交易者或经纪人会用奇怪的眼神看你，好像你有三个脑袋。（这与场外交易职位或其他职位的申请过程有点不同。）底线是：如果你能做这份工作，你就能得到它；如果不能，任何纸都不能证明什么。规则二，不要穿西装。场内交易者根本不穿西装，他们的职员也不会穿。那时候，正常的工作着装（延伸到面试着装）是一件有领的高尔夫衬衫，搭配你衣橱里最可笑的领带，最好是略显破旧，有一些磨损的迹象——这表明你在这个领域工作过（芝加哥的交易大厅不再要求打领带，这引发了一个问题，那就是如何处理我的"活宝三人组"[⊖]领带以及其他领带）。规则三，没有规则。

当我想成为场内套利经纪助理时，我走到经纪人面前说："我听说你在

⊖　在这里是指美国的经典喜剧《活宝三人组》(*The Three Stooges*)。——译者注

找一名场内套利经纪助理？"这就开始了面试的过程，整个面试包括两个问题。首先，对于"你知道怎样做场内交易手势吗？"这个问题，我半心半意地回答："知道。"然后是他的第二个也是最后一个问题："你周一能上班吗？"我没有接受过这方面的正式训练，从来没有。我通过观察别人学到了我能学到的所有东西，然后我就被扔进了"狼群"。

任何其他具有同等级别责任的工作都会包括一项全面的培训计划（从交易池内发出或接收的任何手势都可能会有损失数万美元的风险）。我天真地认为，我的新老板同时雇用的另一位经验丰富的场内套利经纪助理会给我提供某种培训。第一天上班的上午，我在那位场内套利经纪助理站着的台阶下，一边跑腿，一边观察和练习交易手势。很快就到午饭时间了，这位我为之工作的老兄只是转过头对我说："好的，该你了，我去吃午饭了。"然后他就走了。就像我在交易行业里的大多数工作一样，这份工作的"培训计划"是一场烈火般的考验。幸运的是，我通过了考验。

在做了四年的场内套利经纪助理工作之后，我成了芝加哥期权交易所交易大厅里的一名场内交易员，或被称为"做市商"。此后，我拥有了相当长也相当成功的职业生涯。但是作为经纪助理的成长岁月给我留下了永久的印记，它塑造了我。虽然有人说那些能做事的人通常不会教，但是我发现在交易这个行业里情况恰恰相反。

在交易大厅工作的这些年里，我发现有能力、对自己有信心的交易员通常都乐于分享他们的知识。"囤积"知识的通常是那些所掌握的知识非常有限的人，他们担心知识的接收者会超过他们。归根结底，在这个行业中决定成功的是运用知识的才能。虽然试错是一种很好的学习方式（没有什么比使用真金白银更有效），但通常这也是一种非常昂贵的学习方式。

　　如前所述，这些经历和我职业生涯中的其他早期经历是我成长阶段的一部分，它们帮助我塑造了我对交易、学习和教学的看法。到目前为止，来自交易大厅的晦涩难懂的知识很少走出交易所的大门，但很多人可以从交易大厅里交易老手积累的知识中获益。在从期权行业获益了如此多之后，我把回馈作为我的事业。我的目标是分享交易大厅里的人不愿分享的知识，以及从未在交易大厅待过的人没有掌握的知识，帮助交易者避免试图通过试错进行自学而付出高昂的成本。

　　对于成功的交易者来说，交易大厅是名副其实的培养皿。出于地理、财务和实际操作等原因，并不是所有的交易员都能从场内交易大厅开始他们的交易生涯，并从这段经历中积累经验而获利。而且，毫无疑问，交易大厅已经变成了一个虚拟而不是物理的环境。"大房间"⊖已经不复存在了。口口相传和教育的过程已经脱节，交易者通常仍需要从俗话说的"遍体鳞伤"⊜中学习。

　　我写作这本书的目的是给读者带来交易领域知识的宝库，从由专业交易者转变为期权布道者的角度提供来自交易池的经验教训，对有抱负的专业交易者和非专业交易者都有益处。

⊖　这里是指交易所内实体的交易大厅。——译者注
⊜　谚语，这里意指反复练习。——译者注

第 1 章

入行的第一年

我学到了什么，是如何学到的

如果说成功交易员有什么特点的话，那就是谦逊。没有人比市场更强大，没有人能预测未来，没有人能每次都赢。市场总有方法可以让我们中最优秀的人感到羞愧。自信而不傲慢是那些在期权游戏中取得长期成功的人的共同特征。

作为在芝加哥期权交易所从业多年的交易员，我有机会看到一波又一波有抱负的交易员在市场上开拓自己的职业生涯。我们场内指定的一级做市商（Designated Primary Market Maker，DPM）——福特交易池——和其他交易员都雇用了场内经纪助理，向他们展示交易技巧，并训练他们进行交易。正如人们想象的那样，并不是所有的场内经纪助理都成了交易员。

随着时间的推移，我掌握了一种诀窍，能够分辨出哪些场内经纪助理会成为成功的交易员，而哪些不会。那些善于观察、倾听、学习并将其消化吸收的人——他们只确信自己知道的东西，不再假设更多——是经过努力可能获得成功的人。那些自以为无所不知的人，那些认为自己拥有成功"秘方"的人，他们总是认为自己知道股票的走向，但当股票走势并不符合他们的判断时，他们总是有借口解释为什么他们错了，这些人注定会提前结束在期权行业的职业生涯。

在我的办公室里有一个特别的场内经纪助理，他经常和我交谈，并总是以这样的话开始："嘿，PAS（在芝加哥期权交易所大厅，PAS 是我徽章上显示的我名字的首字母缩写），你必须买 ×× 的看涨期权，看看这张图，这只股票在上涨！你不会输的！……"这个可怜的年轻人从来没有成功过，他从不给自己机会。期权游戏的奥秘是要学会利用概率的细微差别，而不是预测未来。这个可怜的笨蛋从来没有意识到期权交易固有的统计性质，也从来没有费心去学习。

除了谦逊之外，成功交易员的另一个最重要的品质是对学习的渴望。市场是充满活力的。正如俗话所说，制胜的交易系统总有一种方法可以获得成功，直到它不再获得成功为止。当鹅不再下金蛋时，交易者需要进行调整，从错误中吸取教训，适应新的市场状况，重新开始。即使作为一名作者和讲师，我仍然是市场的学生。从我的职业生涯开始时我就是，而且永远都是。

每个故事都有一个开始。我在期权中的职业生涯也没有什么不同。和其他故事一样，这个故事的开头为后来的考验和磨难奠定了基础。因此，在深入研究期权的复杂性之前，让我先介绍一些基本知识。

期权基础：基本解释

刚开始从事期权交易的交易者倾向于从基本的基础知识开始，以获得学术上的理解。基于这一出发点，我们从期权合约的内部工作原理开始。

期权是买方和卖方之间的合约。有两种类型的传统期权合约：看涨期权和看跌期权。

▶ 看涨期权是指在到期日设定的时间内，以固定价格（称为"执行价格"）买入标的资产的权利，而不是义务。

▶ 看跌期权是指在到期日设定的时间内，以固定价格卖出标的资产的权利，而不是义务。

从这些合约中延伸出来的权利可以被买卖。买入期权的交易者在合约中建立了一个多头（所有权）头寸。卖出期权的交易者建立了一个空头（义务）头寸。期权的买家拥有先前规定的权利，他们可以按自己的意愿行使这些权利。当期权所有人（持有人）行权后，卖方必须履行期权义务。当期权所有人行使其购买或出售标的资产的权利时，做空期权的卖方将依次被指派，并因此被要求履行其义务。

期权多头可以在到期日之前卖出期权以了结头寸（终止权利）。期权空头可以买入期权，以便在到期日之前了结头寸（终止义务）。因此，合约到期时的行权或指派可能不会发生。

另一种开始

如前所述，每个故事都有一个开始。但是这里标准的、学术上的解释并不是这个故事的唯一开始。事实上，这根本不是我涉足期权业务的开端。正如本书前言中所阐述的，我在芝加哥期权交易所的大厅里开始了我的职业生涯，也因此开始了我的期权教育。我真的很幸运能以这种方式开始我的职业生涯，因为在我看来，这无疑是掌握期权的最佳方式。尽管流行的试炼教育法有很多优点，但是在我作为一个交易员逐渐崭露头角的过程中，它仍被证明是不太利于成长的。

自从与居家交易者⊖合作后，我参与的许多期权教育课程都花费数小时讨论前面所述的权利和义务。在我作为市场学生的早期，对于交易人厅里的任何新进入者来说，这些详尽的细枝末节都是假定已被掌握的知识。有抱负的场内交易员，都在努力掌握交易的艺术，快速前进，通过每一个毛孔吸收知识。

在交易大厅吸收概念的时间顺序仅仅是类似于鸡与蛋的琐事。从进入交易大厅的第一天起，我就沉浸在期权行话、文化和工作日的交易活动中。我和我雄心勃勃、训练有素的交易员同事渴望有机会征服交易大厅。离开交易所的围墙后，我吃、喝、睡都和期权在一起，我会阅读书籍，回顾一天的活动并为下一个交易日做准备。

场内经纪助理首先需要获得足够的知识来履行协助交易员的职责。如果一个职员不能胜任他的工作，他就会被解雇。场内经纪助理只有掌握足够多的知识才能保住工作，其中一些会被认为是高级知识。任何与手头任务无关的信息都可以很容易地"回填"，可以在以后的时间里学习。你首先必须知道你必须知道的东西。

例如，交易员经常会向他们的场内经纪助理询问他们在特定交易中的损益。对于期权做市商来说，这个问题的本质是理论损益的问题（后面将详细介绍），需要一些数学知识和期权指标与定价知识来回答。在最简单的层面上，它是交易价格与交易者定价模型产生的理论价格的比较——一个相当简单的算术问题。这个问题的答案可能是 100 份合约，

⊖　居家交易者（Stay-at-Home Trader），作者没有使用普遍接受的行业术语"散户"来描述在家中通过在线经纪账户进行交易的交易者。因此，本书中偶尔会使用"居家交易者"这个词来代替"散户"。

每份合约 6 美分。对于交易员的问题，简单的回答是"6 美分"。事实上，在忙碌的一天中，更详细的回答很可能会导致交易员因分心而被斥责。"6 美分"，这就够了。

但是，在股票期权的世界里，6 美分不是 6 美分，它是 6 美元。如果是 100 份合约，那就是 600 美元。勤奋好学的场内经纪助理需要参加一堂合约规格的速成课，通过学习合约规格来智能地将美分转换成美元。

股票期权合约规格

在交易所上市的股票期权是标准化的，以达到可替代的目的，通过无缝交易同一系列的期权，实现流动交易。每份在美国上市的标准化股票期权（看涨期权或看跌期权）分别代表买入或卖出 100 股标的股票的权利。因此，拥有一份看涨期权的交易者可以通过执行它来购买 100 股股票，拥有一份看跌期权的交易者可以卖出或卖空 100 股股票。具体地说，该合约提供了以固定价格（称为"执行价格"）交易股票的权利，这一权利一直持续到期权的到期日。

举例

下面是一个典型的股票期权合约的例子：

以 1.40 美元的价格买入一份 10 月到期的执行价格为 32 美元的迪士尼股票看涨期权。

执行价格

在这个例子中，32 美元是执行价格，其含义是，如果交易者选择执行看涨期权，他购买股票的价格是 32 美元。交易者购买了一份看涨期权，因此他有权以每股 32 美元的价格购买 100 股迪士尼公司的股票。

到期日

迪士尼股票期权，与任何在美国上市的股票期权一样，是一种美式期权。这种看涨期权自交易者拥有期权合约之日起至期权到期日前，或交易者卖出该合约前，交易者都可以凭自身意愿提前执行。这与欧式期权不同，后者只能在到期时执行。到期日通常是规定月份的第三个星期五之后的星期六。因此，在这个迪士尼的例子中，到期日是 10 月的第三个星期五之后的星期六。在到期日之前，只要交易者拥有看涨期权，他就可以提前执行该期权。如果交易者在到期日之前卖出期权（从而在合约本身上获利或亏损），执行期权的权利就被放弃了。

价值状态

与任何其他期权一样，只有在对期权持有人有利的情况下，迪士尼股票期权才会被执行。记住，期权是权利，而非义务。因此，期权只有在特定的情况下才有可能被执行。首先，期权通常只有在实值状态下才会被执行。

实值看涨期权具有内在价值。当它们被执行时，标的股票以低于当前股价的价格被买入。因此，看涨期权的价值至少等于执行价格和较高股价之间的差额。实值看跌期权的执行价格高于当前股价，本质上它的价值至少等于执行价格和较低股价之间的差额。

与实值相反的状态是虚值。虚值期权没有内在价值，因此它们通常不会被行权。为什么一个交易者想要在当前市场价格之上买入或者在当前市场价格之下卖出？[○]虚值看涨期权的执行价格高于当前市场价格，虚值看跌期权的执行价格低于当前市场价格。

最后，无论是看涨期权还是看跌期权都有平值期权，其执行价格都等于当前股价。通常，与当前股价最接近的期权执行价格被视为平值执行价格。有时，这些期权被称为近价期权。

请注意，期权价值状态——实值、平值、虚值——仅仅是对当前股价与期权执行价格接近程度的一种描述，并不能说明交易是否有利可图。例如，可以买入实值期权，然后以盈利或亏损的方式卖出；同样地，虚值期权或平值期权也可以因盈利或亏损而被买入或卖出。

期权权利金

当然，期权合约赋予的权利是有价值的。谁不想拥有在没有义务的情况下以固定价格买入（或卖出）股票的特权？这种权利只会让交易者受益。因此，每份期权都有一个价格，也称为权利金。对于迪士尼看涨期权所赋予的权利，交易者将支付 1.40 美元的权利金，即每份看涨合约 140 美元。

因为拥有权利本身就是一种好处，所以期权的交易价格不能低于零。除了实值价值（也称为"内在价值"或"持平价值"）外，期权还可以具有时间价值。具体地说，时间价值是超出期权持平价值的权利金部分。价值状态、到期时间、波动性、利率和预期股息都会影响期权的时间价值。

○　事实上，在某些情况下，交易者可能会决定行使虚值期权，或放弃行使实值期权。后面会有更多相关内容。

其他期权标的资产

除了股票之外，还有许多其他资产也上市了期权。对于证券来说，有指数期权、交易所交易基金（ETF）期权、控股证券（HOLDR）期权等。对于商品来说，许多按金属、软性初级商品、谷物、国债、能源等分类的有形和无形资产也有期权上市。

一些股票指数期权，例如，SPX——标准普尔 500 指数的指数期权合约——是以现金结算的欧式期权。现金结算意味着，当期权被行权时，行权人得到的是期权的实值价值，而不是实物股票；被指派的期权卖方支付的是期权实值价值。此外，欧式期权只能在到期时行权，而不能像美式期权那样可以在到期之前行权。

商品期权通常在到期后变成期货。例如，如果一份玉米看涨期权被执行，交易者将以执行价格购买一份玉米期货。期货期权的合约规格可能与证券期权有很大不同。例如，在股票和 ETF 期权中，1 美分等于 1 美元（再次说明，因为每份期权在表述时都是以每股为基础的，而一份期权合约代表 100 股的权利，所以要乘以 100）。然而，在玉米或大豆期权合约中，1 美分等于 50 美元（因为在表述时是以每蒲式耳为单位的，而一份期权合约代表着 5000 蒲式耳的权利）。

上市证券期权由美国证券交易委员会（SEC）监管。交易所交易的大宗商品期权由美国商品期货交易委员会（CFTC）监管。还有另一个交易证券和商品期权的市场，称为"场外交易（OTC）市场"。场外期权不在交易所上市，它们是比交易所上市的标准化期权合约更具定制化的期权合约。

场外交易市场是整体期权市场的重要组成部分。然而，场外交易通常不会被专业交易者以外的任何人观察到。场外期权交易的交易规模往往非常大，因为场外交易市场的参与者通常是那些资本充足的专业人士。场外交易市场与其他期权市场的另一个不同之处在于清算。

清算

期权是一项大生意。仅在场内期权市场，每天通常就有超过 10 亿美元的期权权利金易手。在有些交易日，可能会出现大赢家和大输家，特别是在大型机构交易员之间。问题来了：如果违约，会发生什么？

每个上市期权合约的交易者都有一个清算公司，代表交易者保证每笔交易履约。对于非专业人士，经纪商会代表他与清算公司清算。专业人士则直接与清算公司清算。清算公司保证通过该公司清算的交易者交易的每份合约履约。

反过来，每个单独的清算公司都会得到中央清算所的履约担保。上市的证券期权通过期权清算公司（Options Clearing Corporation，OCC）进行清算。OCC 清算在美国八家期权交易所交易的所有上市期权。还有几家商品期权的中央清算公司，其中最大的是芝加哥商品交易所集团清算所[⊖]。

信息联络

在我工作的早期阶段，虽然有一小部分场内交易公司会提供有组织的、密集的交易员培训计划，但大多数都没有。尽管如此，场内经纪助

⊖ 芝加哥商品交易所（CME）集团旗下的集中清算平台。——译者注

理还是对交易员心态的敏感性感到厌倦。当他们充当雇用他们的交易员和交易所需的所有市场数据终端之间的信息管道时，他们被各种信息所淹没。

场内经纪助理需要核实与经纪商的交易，并与清算公司确认。他们需要知道"数字"，包括政府公告、收益和其他预期的经济事件计划在什么时候发布。他们需要核实头寸、期权交易指标和交易价格。而且他们必须是正确的。

在我看来，场内交易员有一种名声是相当准确的：场内交易员必须是热烈的。交易员需要大声叫喊，才能在公开喊价中被听到。尽管在许多工作环境中，大喊大叫在很大程度上是不可接受的，但在交易大厅，大喊大叫是一种正常的沟通方式。尽管如此，我确实认识一些像小猫一样温顺的交易员，只是不多。

在交易大厅为少数特别热烈的交易员工作的场内经纪助理真的需要保证正确，这不仅是为了避免犯错——这可能让他们的交易员损失金钱，而且是为了避免随之而来的后果：在整个交易池中被当众羞辱、斥责。避免这种情况发生是许多场内经纪助理的一大动力。有时艰苦的工作环境确实为许多初出茅庐的交易员（包括现在的许多公司）建立了个性和信心。正如弗里德里希·尼采所说："那些没有杀死我的东西会让我变得更强大。"

市场数据

场内经纪助理必须学会像交易员一样思考。他们要学会在问题被提出之前就找到答案。他们还要知道在哪里可以找到答案。许多答案可以通过在附近的计算机上搜索来找到，该计算机由交易所放置在交易池中以供会员访问。其他信息则需要由电话服务员、其他交易大厅的工作人员或后台人员口头传达。任何机警的场内经纪助理都会在他的夹克口袋里放一份电话号码列表，以备不时之需。一些数据来自交易所，还有一大部分所需的信息是市场数据。

市场

从最纯粹的意义上说，市场一词是指对特定资产明确地买入和卖出。买价是任何市场参与者将为资产支付的最高价格。卖价是任何市场参与者将为资产出售报出的最低价格。例如，执行价格为 32 美元的 10 月到期的迪士尼公司看涨期权的市场买价为 1.35 美元，卖价为 1.40 美元。这意味着世界上（此时此刻）将为购买此看涨期权支付的最高价格是每份合约 1.35 美元，出售它的最低价格是每份合约 1.40 美元。可能有不止一个人报出买价或报出卖价，也希望分别以这些价格买入或卖出。

在本例中，市场价格为 1.35～1.40 美元。在专业的交易环境中，这会被口头表述为"一三十五买，一四十卖"，或者简单地表述为"一三十五，四十"，或者仅仅是"三十五，四十"。再强调一次，用来解释市场价格的话越少越好。买价总是先说，然后是卖价（有时前面会有"在"这个词）。股票期权报价中小数点前的数字通常会被尽可能地略去。为什么？如果交易员连市场价格小数点前的数字都不知道，那他就不应该出现在交易池中。

市场是由某种交易者"做市"的，他们被称为"做市商"。做市商通过以买价买入、以卖价卖出锁定利润（后面会详细介绍）。在实体交易池中，可能有一到几百个做市商。

有关标的资产的市场信息联络员是一种特定类型的场内经纪助理，

被称为场内套利经纪助理（我在交易大厅的第二份工作）。该场内经纪助理负责在期权做市商和该标的资产的经纪商之间传递信息。做市商将标的资产作为对冲工具进行交易时，必须始终确切了解标的资产的市场交易价格。直到今天，这些信息仍然在许多仅存的交易池中通过手势传达。交易员的助手有时也需要了解其他交易工具的市场价格。准确和及时——此时此刻——的市场信息对做市商来说是必不可少的。

时间和成交表

交易者经常需要的信息是时间和成交表。时间和成交表是在一个交易日的特定时间内的所有买价、卖价和交易的最终记录。如果对发生的交易存在关于价格是否合理或成交是否在当时的买卖价差范围内等有疑问，时间和成交表将说明问题。

成交量和持仓量

买卖双方就价格达成一致，订立合约，从而执行交易。创建合约头寸时，持仓量会增加。持仓量是特定期权系列现有合约数量的总和。当合约头寸了结时，该系列的持仓量减少。持仓量通常与成交量一起研究。

成交量是在一个交易日内交易的合约数量总和（无论是开仓还是平仓）。成交量在每个交易日开始时从零开始计算。

小细节与大蓝图

我在交易大厅的第一年似乎积累了上百万条这样的小信息，但并不是所有的信息都能包含在这一章中。虽然细节很多，但那一年我也学到了一些大蓝图中的内容，特别是关于作为一名交易员需要具备哪些心理素质。

在交易大厅工作的人通常会换工作，有时甚至是频繁的。对于雄心勃勃的人来说，这一点尤其适用于他们刚开始的时候。在我的第一年，我参加了几次求职面试，总共做了四五份兼职工作。正如本书的前言中提到的，许多入门级工作的面试都非常简短，而且切中要害。"你能胜任这份工作吗？""好的，你能从周一开始吗？"但那些旨在成为交易员助理的人需要像交易员一样思考，他们的参与程度理应更高一些。然而，令人惊讶的是，他们更加不循常理。

例如，我参加了一次求职面试。正如人们可能预料的那样，它以这样的问题开始："你以前的雇主是谁？"还有，"你的职责是什么？"然后变成了这样的问题："如果你有一堆从街道堆到西尔斯大厦顶端的硬币，你能把它们都放进你的壁橱里吗？"⊖这种性质的问题总是伴随着面试官犀利的眼神和不耐烦的态度。

这种（相当常见的）"审问"程序的目的是确定关于被面试者的某些事情，所有这些事情都与一个人成为交易员所必需的重要特质有关。这个人的思维能跳出条条框框吗？因为市场并不总是理性行事，令人惊讶的事件在市场上时有发生。交易员需要能够运用逻辑弄清楚事情的真相。这个人能在压力下有良好的表现吗？由于面临着损失真金白银——有时非常多——的风险，在快速变化的市场中，交易员需要在压力下表现良好。同时，这个人具有抽象思维能力吗？抽象思维对于期权交易者来说是非常必要的，特别是在与期权交易的波动性有关的部分。

⊖　关于西尔斯大厦和硬币的问题，答案相当简单。是的，这些硬币可以很容易地放进一个典型的壁橱里。这座摩天大楼高达 110 层，人们可以将这巨大的一堆硬币分成 110 堆，每层一堆，并排排列，10 行乘 11 行。

第 2 章

你我之间的区别

当我刚开始在芝加哥期权交易所交易时，期权的交易单位是"十六分之一"，或者说是十六分之一美元。当时，股票和期权的交易单位都是分数，不是今天的交易员所习惯的小数。股票的最小变动价位低至八分之一美元（12.5 美分），期权的最小变动价位为十六分之一美元（6.25 美分）。交易员基本上都有自己的"方言"，因为交易大厅的行话是随着时间的推移而演变的。这种行话的出现通常是为了缩短单词和短语，以便更快、更有效地共享信息。因此，十六分之一的别名"私生子"（Bastardization）变成了"少女"（Teenie）〔有时也被称为"吝啬鬼"（Stinth）〕。

在我从事做市商交易的生涯的早期，有一天，一个年轻的新交易员开始在我做交易的那个交易池里做交易。对于每个交易员来说，作为交易池人群中的新成员通常都有一个磨合期。与在各种社会环境中一样，被同化是一个缓慢的过程。但在交易大厅中，新成员可能更难被接受，因为交易池中的所有成员都在相互直接竞争。

有一天，这位新交易员和交易池里的一位老成员发生了争执。这场纠纷是为了一份 6.25 美元的期权合约。这场争吵持续了一段时间，这两个固执的竞争对手为了不到一顿午餐的钱而战。随着争执达到高潮，这位新交易员终于说："这只是个小问题。有什么大不了的？不就是这么点小钱吗？"对此，那位经验丰富的交易员回应道："怎么是小钱？这就是我和你之间的区别。"

赢家和输家

经验丰富的场内交易员的说法深刻地说明了所有成功交易者的目标。专业交易者，特别是做市商，他们在市场中长期地努力从交易的每份合约中赚取少量的利润，通过交易大量的合约来弥补利润的微薄，积沙成塔。一个做市商如果能从每份合约中赚取几分钱，就能拥有一个稳健、可持续的业务，在财务上获得丰厚的回报。每个人都喜欢本垒打的交易，但在交易中，做一只"小猪"（过于贪婪的交易者）不是一种可持续的商业模式。

这一理念也同样适用于散户。正如交易习语所说，猪会被屠宰。作为交易者，要赚钱，就要有一致性的目标。这并不意味着只用交易一次就能致富。实际上，我遇到过一个有抱负的散户，他告诉我他想学习交易，这样他就可以在赚了足够的钱以后，不用再做交易了。这是一个糟糕的目标。激情带来成功，要想擅长什么事情，专业人士需要热爱他们的工作。不然何苦呢？用你喜欢的事情赚钱吧，你可能会更成功。

交易的成功是指在年底获得了巨大的回报，无论是专业交易者还是散户。然而，在获得回报的方法上，散户和专业交易者是有区别的。

专业交易者与散户

专业交易者与散户的交易方式不同。散户必然比做市商等专业交易者更倾向于头寸交易。实际上，做市商通过以买价买和以卖价卖来获利。除非在极少数情况下，非做市商无法做到这一点。因此，散户必须通过在每笔交易中建立头寸来进行交易，这要求散户：①在一定程度上擅长预测，②具备交易策划和管理的技能。此外，散户面临的佣金结构、滑点和保证金要求等，通常会阻碍他们执行场内交易者行之有效的在每份合约上获取微利的策略。

如果散户面临的佣金超过每份合约几美分，他们就不能在每笔交易中只努力赚取几美分。每份合约佣金1美元相当于期权权利金的1美分。（请记住，期权是以每股为基础定价的，一个典型的股权期权合约包含100股。因此，1美分的期权权利金相当于1美元的实际现金）。再考虑到"入场"费（或按次收取的交易佣金，而不是按每份合约收取的佣金）时，交易佣金可能会大幅削减利润，特别是对那些只交易一两手的交易者而言。

此外，与以买价买并以卖价卖的做市商不同，散户（和机构交易者）以（较高的）卖价买，以（较低的）买价卖。这种不太有形的交易成本被称为"滑移成本"。流动性较强的期权合约的买卖报价差平均约为2~5美分。这意味着，非做市商交易者或"市场接受者"，需要在每笔交易中赚取几美分，并覆盖交易佣金，才能实现收支平衡。

绝大多数散户都受到法规T（Reg-T）保证金要求的约束。Reg-T保证金是针对散户的长期保证金要求制度。它规定了期权清算公司必须要求交易者支付一定的保证金才能启动交易。绝大多数散户都受到Reg-T

保证金要求的限制。与专业交易者相比，Reg-T 保证金制度对散户的保证金要求要严格得多。由于做市商在向市场提供流动性方面不可或缺，并被认为对期权风险了如指掌，因此它们以杠杆的形式获得了很大的自由。通常，做市商只被要求缴纳散户在账户上必须缴纳的保证金的一小部分。

散户投资组合保证金在一定程度上缩小了散户和专业交易者之间的差距。散户投资组合保证金类似于做市商保证金，但它不允许使用太多的杠杆。它比 Reg-T 对保证金的限制要少得多。相对较晚出现的散户投资组合保证金是市场向前迈出的一大步，有助于营造公平的竞争环境，并使散户能够使用更多类型的策略，而这些策略本来是由于存在较高保证金而让散户望而却步的。但它也为交易者提供了足够多的"绳索来上吊"，因此，只能由经验丰富的交易者使用。尽管如此，做市商仍因其在提供流动性方面的作用而获得一定的保证金优势。

做市商所获得的明显优势是有代价的，对于一些渴望获得这些好处的交易者来说，这肯定是一个劣势。例如，做市商必须为交易特权付费。它们必须购买或租赁这些特权，这些特权有时被称为"席位"。交易特权是昂贵的，为了在芝加哥期权交易所交易，我的席位租金一度超过了每月 1 万美元。对于大多数散户来说，向他们的在线经纪人支付佣金要轻松得多。

做市商还必须支付交易所费用、清算费用、数据费用、办公空间费用、场内经纪助理工资和其他费用。此外，在某些情况下，它们被要求进行交易并提供流动性。做市商有自己的一系列交易挑战，这些挑战与非流动性提供者的挑战有很大不同。做市商不会寻找机会积极建立头寸，它们只对订单流做出反应。当市场其他人在买入时，是做市商在向他们卖出；当市场在抛售时，是做市商在买入。做市商最终积累的头寸可能并不符合它们自己对市场的预测，也可能与市场的传统智慧相悖。对于做市商而言，头寸管理是一个巨大的挑战。

优势分析

所有交易者，无论是专业交易者还是其他交易者，都会遇到障碍。要取得成功，一个人必须克服他所面临的困境中固有的障碍。一个人如何面对逆境才是成败的关键。

例如，头寸交易的散户有时会因为承担了太多风险而过度追求利润，并对自己的头寸分析不当。对于许多散户来说，部分问题在于他们分析潜在交易的方法，以及随后依据他们的头寸进行交易的方法不正确。许多非专业交易者的方法相当直截了当，坦率地说，过于简单化了。

使用正确的分析方法是专业交易者和精明的非专业人士真正拥有优势的一种方式。专业交易者关注的是以期权为中心的完整、多方面的风险。许多散户倾向于只关注这样的事实，即当标的资产价格上涨时看涨期权获益，当标的资产价格下跌时看跌期权获益。然而，聪明的交易者利用所有以期权为中心的敞口获益，尤其是波动率。

期权风险管理的两种方法

在期权交易者的术语中，风险管理意味着管理未来价格变化的不确定性。与只关注损失的风险一词的一般定义不同，在风险管理的语境下，风险意味着盈利或亏损的可能性。归根结底，风险管理是最大化潜在利润和最小化潜在损失的实践。

期权风险管理有两种不同的方法。第一，可以从绝对风险的角度来观察风险，即不考虑所有时间价值的期权所能获得的最大利润或损失；第二，可以从增量风险的角度来考察，即影响期权定价的因素发生增量变化所产生的风险。

绝对风险

让我们从理解绝对风险的两个基本原则开始。以下两点是给每位新期权交易者的准则：

▶ 期权多头损失有限，潜在盈利无限。
▶ 期权空头潜在盈利有限，损失无限。

这些短句是有用的记忆条目，旨在为交易者提供开始的基点。然而，从技术上讲，这些准则只适用于看涨期权。股票可以无限上涨，因此，看涨期权多头可以无限获利，而看涨期权空头则可能无限亏损。

但看跌期权多头的潜在盈利和看跌期权空头的潜在亏损实际上是有限的。随着标的资产价格的下降，看跌期权多头将变得有利可图。然而，股票、大宗商品、指数、ETF 和其他交易工具的价格只能跌至零。因此，看跌期权多头的利润是有限的。同样的逻辑也适用于看跌期权空头，即随着标的资产价格的下跌而亏损，但看跌期权空头的损失受到资产跌至零的限制。尽管它们在技术上存在缺陷，但前面的两点仍然值得铭记。可以肯定的是，做空看跌期权并眼睁睁看着标的股票跌至零的交易员肯定会觉得，该头寸面临着无限的风险，因为这将是一笔代价高昂的交易——从事后诸葛亮的角度来看，很可能与所承担的风险不匹配。

要全面评估期权头寸的绝对风险，需要进行比目前讨论更精确的分析。期权价值由两部分组成：时间价值和内在价值。根据定义，只有实值期权才具有内在价值。期权权利金中非内在价值的部分都被称为"时间价值"。期权权利金的时间价值部分之所以有价值，主要是因为标的资产未来价格走势具有不确定性（即波动率）。当期权到期时，它不再包含任何时间价值。在这一时间点上，期权要么价值为其内在价值，要么价值为零。

此时确定期权的绝对风险相当简单。由于期权已经到期了，因此，在期权的生命周期内没有未来波动的可能性，唯一的定价变量是到期时标的资产的价格。标的资产的价格决定了期权是平值还是虚值——此时期权的最终价值为零，还是实值——此时期权的价值为内在价值。

期权的盈利水平与标的资产到期时的价格的关系通常由到期时的损益图表示，即"到期损益图"或"损益图"。

到期损益图

到期损益图是二维图，y 轴（纵轴）表示期权头寸的盈亏，x 轴（横轴）表示标的资产到期时的价格。任何完全由具有相同到期日的期权组成的期权策略的绝对风险都可以用到期损益图来表示。⊖

为了利用到期损益图展示期权的绝对风险，让我们看看四种基本的期权头寸：看涨期权多头、看跌期权多头、看涨期权空头和看跌期权空头。首先，让我们来研究一下看涨期权多头。如前所述，期权多头的损

⊖ 包含具有不同到期日（例如日历价差组合）的期权策略只能使用到期损益图来进行估计。

失有限，潜在盈利无限。如果看涨期权在到期时是平值或虚值，那它的价值为零，损失等于支付的全部权利金。如果看涨期权多头在到期时是实值期权，那么它的价值就是内在价值，盈利或亏损就与持有股票多头头寸一样。（事实上，如果持有至到期，期权将变为多头头寸。如果在期权到期前最后一个交易日收盘的时候，期权的内在价值哪怕只有 0.01 美元，除非期权持有人有具体的不同指令，否则 OCC 将自动行权。）

举例：看涨期权多头

假设一名交易者对 iShares 罗素 2000 指数基金（IWM）进行了以下交易，并将其持有至到期：

以 2.30 美元的价格买入一份 IWM 的 3 月到期、执行价格为 65 美元的看涨期权。

图 2-1 显示了在给定 IWM 各种到期价格的情况下，看涨期权的盈利或损失。这个图显示，如果 IWM 到期时的价格为每份 65 美元或以下，看涨期权的损失将被限制在 2.30 美元，即所支付的全部权利金。如果 IWM 到期时的价格高于 65 美元，那么这份看涨期权的价值是其内在价值。ETF 的价格越高，看涨期权的盈利就越多。从理论上讲，IWM 的价格可以涨到无穷高，看涨期权的价格也可以。

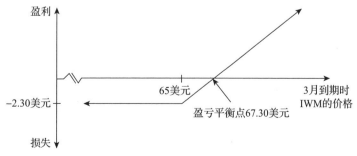

图 2-1 以 2.30 美元买入一份 IWM 的 3 月到期、执行价格为 65 美元的看涨期权

图 2-1 还给出了这笔交易能够盈利的确切价格——盈亏平衡点。期权只有在到期时具有内在价值，它才有价值。因为为看涨期权最初支付的价格是 2.30 美元，所以期权的内在价值必须大于 2.30 美元才能获利。因此，只有 IWM 的价格高于 67.30 美元（意味着执行价格为 65 美元的看涨期权的内在价值超过 2.30 美元），看涨期权才是有利可图的。如果 IWM 的价格低于 67.30 美元（此时执行价格为 65 美元的看涨期权的内在价值将低于 2.30 美元，这笔交易就是亏损的。

另一种思考盈亏平衡点的方法是从执行机制的角度。如果看涨期权在到期时是实值期权，那么它实质上就变成了以 65 美元的执行价格购买的 100 股 IWM 的多头头寸。但权利金 2.30 美元是一笔支出，也是必须考虑的。因此，股票的有效购买价格为 67.30 美元。如果 IWM 的价格低于 67.30 美元，交易是亏损的；如果 IWM 的价格在这个盈亏平衡点以上，交易就是盈利的，并且随着标的资产价格的上涨，交易的盈利会增加。

举例：看跌期权多头

看跌期权多头的绝对风险可以通过到期损益图很容易地可视化。但对于看跌期权而言，亏损的风险随标的资产价格上涨而增加，盈利则随标的资产价格下降而增加。

假设一个交易者购买通用电气公司的下列看跌期权，并持有至到期：

以 1.10 美元的价格买入一份通用电气的 1 月到期、执行价格为 16 美元的看跌期权。

图 2-2 显示了期权到期时，在通用电气股票各种价格的情况下，看跌期权的盈利或损失。

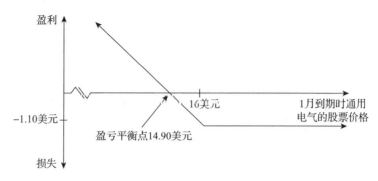

图 2-2　以 1.10 美元买入一份通用电气的 1 月到期、执行价格为 16 美元的看跌期权

如果通用电气股票在期权到期时的价格高于每股 16 美元的执行价格，那么以 1.10 美元购买的看跌期权到期，支付的权利金将代表全部亏损。然而，如果通用电气的股票在期权到期时价格低于每股 16 美元的执行价格，那么看跌期权是实值期权，其价值是期权的内在价值。要实现盈利，通用电气的期权必须具有足够高的内在价值，以弥补交易的初始成本。在这里，盈亏平衡点是 14.90 美元（执行价格减去支付的权利金金额）。

通用电气股价越小于 14.90 美元，期权利润越高。期权利润的上限为 14.90 美元，因为股票的交易价格不能低于零。当股票价格为 0 美元时，执行价格为 16 美元的看跌期权的内在价值将达到 16 美元。16 美元的内在价值减去支付的 1.10 美元的权利金，期权最高的潜在利润为 14.90 美元。但这只在通用电气的股票价格在期权到期前一路跌至零的时候才适用。

举例：看涨期权空头

看涨期权空头的潜在盈利有限，潜在亏损无限。许多散户经纪商限制他们的大多数交易者直接卖出看涨期权（即不被股票多头头寸"备兑"，也不是价差组合的一部分）。大多数专业人士避免直接卖出看涨期权，因为相对其所承担的风险而言，回报很少是合理的。

本例中的交易者对苹果公司进行这笔交易：

以 12.00 美元的价格卖出一份苹果公司的 9 月到期、执行价格为 270 美元的看涨期权。

图 2-3 显示了期权到期时，在苹果公司股票各种价格的情况下，看涨期权的盈利或损失。这里，盈利最多为期初收到的权利金 12.00 美元，如果苹果公司股票在 9 月期权到期时价格低于 270 美元，就确定了这部分盈利。然而，如果股票在期权到期时价格高于执行价格，看涨期权将以平价交易，相当于卖空股票。由于股票价格没有上涨限制，因此可能的损失是无限的。盈亏平衡点是在看涨期权的内在价值为 12.00 美元，即股票价格为 282 美元时达到的。

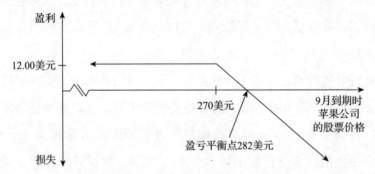

图 2-3　以 12.00 美元卖出一份苹果公司的 9 月到期、执行价格为 270 美元的看涨期权

举例：看跌期权空头

看跌期权空头通常被那些认为自己是保守投资者的人视为低风险策略。事实上，从交易风险管理的角度来看，与类似的替代方案相比，看跌期权空头具有相当高的风险，因为相对于有限的潜在收益而言，它们

具有非常大的潜在损失。

在本例中，交易者将卖出诺德斯特龙公司的下列看跌期权：

以 3.20 美元的价格卖出一份诺德斯特龙的 12 月到期、执行价格为 36 美元的看跌期权。

图 2-4 显示了期权到期时，在诺德斯特龙股票各种价格的情况下，看跌期权的盈利或损失。

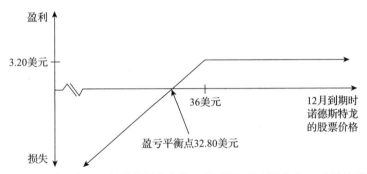

图 2-4　以 3.20 美元卖出一份诺德斯特龙的 12 月到期、执行价格为 36 美元的看跌期权

在这一盈利有限的头寸上，最高回报被设定为 3.20 美元，即收取的权利金。如果诺德斯特龙在期权到期时股票价格高于 36 美元的执行价格，则交易者将获得这一权利金。如果诺德斯特龙在期权到期时股票价格低于执行价格，看跌期权将为平值期权，相当于股票多头（当然，很可能出现被指派的结果，如果它被保留至到期的话）。这里，盈亏平衡点是 32.80 美元。

如果这个看跌期权确实出现被指派行权的情况，就会导致交易者持有股票多头头寸，股票的实际买入价为 32.80 美元。交易者实际上将以 36 美元的执行价购买股票，但需要将收到的权利金考虑在内，因此，最大风险是 32.80 美元。在极不可能的股价跌至零的情况下，会出现这种交易的最大损失。

绝对风险的好处和缺点

对于每笔交易交易者都必须知道绝对风险。新入门的交易者应该养成绘制到期损益图的习惯。（不要偷懒，不要让你的在线经纪人为你做！）有经验的交易者可以在他们的头脑中计算出相关的点位（即最大利润、最大亏损和盈亏平衡点等）。事实上，这可能是一些专业交易者确定绝对风险的唯一方法。

不久前，我面试了一份期权指导员的工作。候选人资格的标准之一是，申请者必须是现任或前任专业交易者。在面试时，交易员接受了几个问题的测试，其中一个问题是要求他们为各种期权策略画出到期损益图。出乎意料的是，超过相当比例的做市商都无法完成这部分测试！

这一相当有趣的观察在某种程度上凸显了到期损益图的缺陷。为什么很多做市商都不能画出这些简单的图呢？因为它们没有这样做的习惯，它们不需要这样做。这些视觉辅助工具仅在到期时的那一刻反映头寸风险。做市商、"楼上交易员"⊖以及大多数待在家里的散户都不会持有期权至到期。但这会让绝对风险分析变得毫无用处吗？那可不一定。

绝对风险是指随着时间的推移以及期权权利金的波动性部分（时间价值部分）变得越来越不相关时，所持头寸的损益走向。抛开到期不谈，如果期权是深度实值期权，或者深度虚值期权（这时，它们的价值是零），那么期权也可能在没有时间价值的基础上进行交易。这使得对绝对风险的了解在到期前就实现了，但前提是基础资产价格有非常剧烈的变动。损益图上显示的是到期时损益的绝对值，有时甚至是到期前的最大盈亏阈值。

⊖　一批专门从事大宗交易的代理商，这些人又被称作楼上交易员（Upstairs Traders）。——译者注

增量风险

虽然绝对风险是必须知道的，但增量风险才是日常真正对交易者更有用的风险。这些因素对期权价值的影响很小，每种因素的影响都有独立的递增效应。在 1973 年发表在《政治经济学杂志》上的著名论文《期权定价与公司负债》中，费希尔·布莱克和迈伦·斯科尔斯将期权的风险分解为几个因素。价值状态、时间、利息、股息和波动性是交易者必须关注的有限风险集合。

利息和股息的因素被封装在时间价值的概念中。对利率和未来股息流的预期和其实际变化可能会导致增量变化，并影响期权价值。上述其他三个定价影响因素（价值状态、时间和期权定价的波动率部分）有一个共性，将它们结合在一起，成为期权价值的决定性因素：合约期内标的资产未来价格的不确定性。

由于对未来波动率的假设，以固定价格买入（看涨期权）或卖出（看跌期权）的权利是有价值的。因为期权是一种不必执行的权利，价格波动只对期权所有者有利——在到期时，期权的价值可以是零，也可以是与之相关的正值。因此，这一权利具有与之相关的货币价值。

期权价值中波动率部分的价值（也称"时间价值"）是期权交易的核心。然而，新手交易者通常会忽视波动率。对波动率的理解和使用，是将聪明的交易者与注定在期权交易领域只有短暂职业生涯的交易者区分开来的巨大鸿沟。幸运的是，波动率相对容易观察。

图 2-5 显示了同一看涨期权多头的两条不同的损益线。实线代表看涨期权到期时的盈利或损失；虚线表示到期前某个时刻估计的盈利或损失。无论出于怎样的意图和目的，虚线代表波动性，具体来说，它代表隐含波动率。

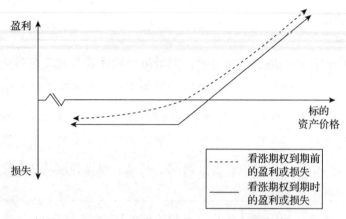

图 2-5　同一看涨期权多头的两条不同损益线

已实现波动率和隐含波动率

尽管波动率对期权交易至关重要，但它经常被误解。这种误解部分源于期权交易中波动率一词的多重语境。

已实现波动率

标的资产价格变动的实际波动率在期权定价中起着不可或缺的作用。再一次强调，标的资产价格的波动性越大，期权持有者获利（或蒙受损失）的机会就越大。要想成为有用的分析数据，标的资产价格的波动性必须被量化。在期权交易中，标的资产价格经历的价格波动性是使用已实现波动率（有时称为历史波动率）来衡量的。

已实现波动率以最近一段时间内观察到的标准差表示，然后按年化计算。通常，正在交易的标的资产的每日收盘价被用作计算标准差。

定义：已实现波动率是指每日收益的年化标准差。

隐含波动率

由此推断，当已实现波动率较高时，期权将更昂贵，而当已实现波动率较低时，期权将更便宜。考虑到期权可以被用作对冲，它们是一种名副其实的保险。与其他类型的保险一样，当损失风险较大时，保费会上升。此外，当对未来已实现波动率的预期发生变化时，期权价值可能会发生变化，以反映变化的预期（所有其他定价因素保持不变）。期权价值中这部分波动率定价成分被称为"隐含波动率"。

定义： 隐含波动率是期权价值中波动率的组成部分。

与已实现波动率一样，隐含波动率也是以年化标准差来表示的。隐含波动率通常被认为是市场（集体）对标的资产在当前时刻和到期日之间的未来已实现波动率的预期，这是其期权价格隐含的。

波动性和增量风险

本章的图 2-5 很有说服力，因为它显示了比最初看到的要多得多的内容。它显示了源于波动性的三个以期权为中心的风险——隐含波动率、时间和价值状态。

损益图：隐含波动率

在图 2-5 中，虚线（在到期前的某个时点的期权价值）的值大于代表到期时期权价值的实线的值。为什么？因为价格有更多的时间发生波动，因此反映了潜在内在价值。事实上，预期的波动性越大，在任何给定时刻，这两条线之间的差距就越大。如果人们认为看涨期权的波动性可能会更大，那么期权将具有更高的价值。相反，如果波动率预期下降，期权将会更便宜，因此，代表到期前看涨期权价值的虚线将更低，更接近表示到期时损益的实线。

损益图：时间

随着时间的推移，从统计学上讲，可能的价格波动的幅度会变小。换句话说，在距离到期日还有一天的情况下，价格变动发生的可能性低于距离到期日还有一年的情况。这解释了为什么期权会随着时间的推移而失去价值，即期权会经历时间衰减。因此，随着时间的推移，虚线将逐渐向下移动。最终，在期权到期时，图中代表波动性的虚线将向反映到期时损益的实线收敛。在到期时，期权的生命中不可能有更多的波动性，因此也就没有波动率价值。

损益图：价值状态

图中包含波动性价值的虚线与反映到期时期权损益的实线之间的距离的最大部分出现在当标的资产价格接近执行价格时（即当期权是平值期权时）。只有当看涨期权处于深度实值状态或深度虚值状态时，两条线才会收敛。平值期权具有最高的波动价值，因为期权最终是实值到期还是虚值到期在此时的不确定性最大。

希腊字母

用损益图研究增量风险，需要衡量曲线的变化，如隐含波动率和时间等因素所导致的变化。利息和股息的变化也会改变图，但这种二维图不利于全面分析。为了研究增量风险，交易者使用一系列被称为"希腊字母"的指标进行分析。每个希腊字母衡量的是以期权为中心的风险之一的增量变化。最常用的希腊字母是 Delta、Gamma、Theta、Vega 和 Rho。

Delta

Delta 是期权价值相对于标的资产价格变化的变化率。

Delta 衡量标的资产价格上涨或下跌时期权的盈利或亏损。它是用十进制形式来表示的百分数。例如，如果一个期权的 Delta 值为 0.40，它会随标的资产价格变动 40%（或者标的资产价格每变动 1 美元，期权价格变动 40 美分）。与标的资产价格同步变动的看涨期权具有正的 Delta 值；与标的资产价格变动呈负相关的看跌期权 Delta 值为负。也就是说，当标的股票价格上涨时，看跌期权失去价值；当标的股票价格下跌时，看跌期权会增值。

Delta 可以被认为是衡量期权在多大程度上相当于标的资产。具体到股票期权，它可以被认为是期权头寸在功能上相当于具有多少标的资产。例如，想象一个 60-Delta 的看涨期权。如果看涨期权价格反映了标的股票 60% 的价格变动，而每份期权合约代表了 100 股股票，那么看涨期权持有者将拥有一个获利或亏损约 60 股股票的头寸。深度实值期权的 Delta 值接近 100，因此，功能上来说它与标的资产接近 100% 可替代。一个深度虚值看涨期权的 Delta 值接近零，它的价格根本不会随着标的资产的价格变动而变化。

一般而言，实值期权的 Delta 值大于 0.50，期权的实值程度越深，Delta 值越大（达到 1.00）。虚值期权的 Delta 值通常小于 0.50，期权的虚值程度越深，Delta 值就越小（甚至降至零）。平值期权的 Delta 值约为 0.50。[⊖]

⊖　从技术上讲，考虑到时间、波动性、利息和其他因素，平值期权的 Delta 值可能会大于 0.50。

Gamma

Gamma 是标的资产价格变化时期权 Delta 的变化率。

当标的资产的价格相对于固定的执行价格发生变化时，期权的价值状态——根据定义——就会发生变化。因此，当标的资产价格上涨或下跌时，Delta 也会发生变化。有时，这种变化可能非常显著，尤其是在头寸规模较大的情况下。这种变化是用 Gamma 来衡量的。

Gamma 是用 Delta 来表示的。期权多头有正的 Gamma 值，期权空头有负的 Gamma 值。例如，如果一个期权的 Gamma 值为 0.07，那么当股票价格上涨 1 美元，头寸将增加 7 个 Delta。如果股票价格下跌 1 美元，头寸将减少 7 个 Delta。

Theta

Theta 是期权价值相对于到期前剩余时间的变化率。

Theta 测量的是时间衰减的影响。它以每股多少美元和美分来表示。例如，如果一个期权的 Theta 值为 0.04，它将在一天内损失 4 美分（其他因素保持不变），对应每份合约的实际现金为 4 美元。

期权的 Theta 值受许多因素影响，最明显的是期权的价值状态和时间。即将到期的平值期权的 Theta 值最大。随着时间的流逝，平值期权的 Theta 值越来越大。这有时被称为"非线性时间衰减率"。具有较小 Theta 值的实值和虚值期权，时间衰减具有更恒定的 Theta 值。

Vega

Vega 是期权价值相对于隐含波动率变化的变化率。

与 Theta 一样，Vega 用美元和美分表示。当隐含波动率上升或下降时，期权价值变化以 Vega 计量。期权多头有正的 Vega 值（也就是说，与波动率变化呈正相关），期权空头有负的 Vega 值，因此它与波动率变化呈负相关。

例如，如果一个期权的 Vega 值为 0.10，隐含波动率每上升 1 个点，期权的价值就增加 10 美分。隐含波动率每下降 1 个点，期权就损失 10 美分。

到期时间更长的期权比到期时间更短的期权有更大的 Vega 值。平值期权比实值期权和虚值期权都有更大的 Vega 值。所有期权的 Vega 值都会随着时间的流逝而变小。

Rho

Rho 是期权价值相对于利率变化的变化率。

Rho 用美元和美分表示。例如，如果利率上升 1 个百分点，Rho 值为 0.20 的期权将获得 20 美分的收益。○如果利率下降 1 个百分点，期权将损失 20 美分。

看涨期权有正的 Rho 值，看跌期权的 Rho 值为负。因为存在随着时间的消逝而出现利率损失的效应，Rho 值随时间消逝而趋向于零。

希腊字母：独立的影响

每个希腊字母都是独立的，独立于其他变量而变动。例如，特定的期权头寸可能从 Delta 获利，从 Theta 亏损，从 Vega 获利。因为这些估值指标中的每一个都有自己对期权价值的独特影响，所以每个指标都必须被监控。

○　更常见的是利率变化 0.25 个百分点，或者说 25 个基点。

第 3 章

价差风险

许多人不知道一个事实：维持场内交易者的头寸需要持续监控。做市是一种非常吸引人的交易方式。在这个游戏中，"恶人"是不会休息的，一瞬间就可以成就或毁掉场内交易者的一周、一个月，甚至一年。去吃个午饭，可能你就会错过一生的机会，或者发生意外的不利变动，造成数万美元的损失。监控一个做市商的头寸就像看一个刚刚学会走路的小孩，他喜欢把东西插在电源插座上。

交易大厅里有许多荒诞的故事，其中大部分可能是真的。在我的交易生涯中，我经常听到这样的故事：在繁忙的日子里，一些交易者会在自己身上粘一个塑料袋，方便往里面小便，以避免不得不离开交易大厅去洗手间。知道了场内交易者的心态，以及在重要交易下跌时不在场的代价是什么后，我想这种场内交易的知识是有一定道理的。就我个人而言，我从来没有试过，但我必须承认，我曾经有过这个想法，我只是想不出怎么把袋子系在自己身上。

如果一名交易员计划离开交易超过一天，传统观点是让交易员"平仓"以消除所有头寸的风险。这说起来容易做起来难。做市商吸收流动性，不可能在不蒙受损失的情况下了结未平仓合约。活跃的做市商可能有数万期权持仓。在这么多合约上蒙受损失——即使每份合约只有一美分的损失——可能会让你在离开之前就使你的假期变得昂贵。

那么交易者怎么做才能把风险降到最低呢？构建价差组合。价差组合有许多功能，但价差组合的主要功能是最小化风险。

价差组合

价差组合是由两个或多个不同部分组成的头寸，不同的组成部分被称为"腿"。最简单的形式是，价差组合是由两种不同期权组成的组合头寸。有些价差组合可能非常复杂，由数百个不同的期权系列组成。价差组合还可能包括基础资产（例如，股票头寸和基于该股票的期权）。构建期权价差组合的方式似乎有无数种。但是，还是那句话，构建价差组合的主要动机是降低风险，这是通过将头寸风险塑造成某种全新的东西来实现的。这种全新东西的风险在某种程度上比构成该组合的各个部分的风险总和对交易者更有利。

价差组合可以是类别内的（类内），也可以是类别间的（类间）。类内价差组合是指由基于同一标的资产的多条腿组成的价差。例如，一名交易员可能买入一份奈飞公司 11 月到期、执行价格为 165 美元的看涨期权，同时卖出一份奈飞公司 11 月到期、执行价格为 170 美元的看涨期权。类内价差组合是最常见的交易所交易价差组合，尤其是在散户中更为普遍。

类间价差组合是由基于两个或多个不同标的资产的多条腿组成的价

差组合。一个常见的例子是在金融期货期权市场中交易的债券价差组合（Notes Over Bonds，NOB）。NOB 交易员买入或卖出中期美国国债期权，同时在长期美国国债期权中建立对冲头寸。类间价差在专业交易者和机构投资者的交易中更为普遍。

为什么使用价差组合

掌握价差组合对于做市商和散户来说都是至关重要的。价差组合让交易者可以选择如何交易（就灵活性而言）和交易什么（就资产类别而言）。价差组合的市场风险敞口不同于其各个组成部分的市场风险敞口。此外，每个价差组合的风险结构都是独特的。具有相似但不完全相同的风险敞口的头寸可以通过创建由不同成分组成的价差组合来实现。例如，看多交易者可以买入看涨期权，买入看涨期权价差组合，卖出看跌期权，卖出看跌期权价差组合，交易比率价差组合（看涨期权或看跌期权），卖出备兑看涨期权，买入方向性蝶式价差组合，买入方向性时间价差组合，或者采用其他多种策略。

对于对标的资产价格有一定判断的交易者来说，有大量的价差组合可供选择。交易者可以在不同的价差组合策略中进行选择，也可以在同一种价差组合中选择在某个（些）合约月份和某个（些）执行价格上进行交易。

价差组合选择与胜算

对于任何给定的市场条件，总会有一种价差组合的结构比其他价差组合的结构具有更高的风险回报。聪明的交易者通过选择亏损风险最低、盈利潜力最高的方案，同时考虑成功的概率，实现对自己有利的结果。

例如，如果交易者预计标的资产将在未来几周内升至特定价位，那么交易者宁愿买入一个月期看涨期权价差组合，并将空头（卖出）的执行价格设在阻力位上。这样构建价差组合将提供比其他策略（如直接交易看涨期权）更大的优势。如果一名交易员只是犹豫地看多，并认为隐含波动率很高，他很可能会选择卖出短期的虚值看跌期权价差组合。由于 Gamma 为负，这名交易员放弃了一些潜在的 Delta 增长空间，但却获得了短期隐含波动率敞口，同时最大化了成功的机会。如果投机交易者认为一只股票将在短时间内大幅上涨，那么简单地买入一份短期的虚值看涨期权可能是最好的选择。

这是非做市商交易者获得胜算的一种方式。所有期权交易都有一定程度的方向、时间、潜在波动性、隐含波动性，也许还有利息的风险敞口。熟练的交易者努力在每笔交易中充分利用所有这些期权定价因素。交易者应该从至少三个不同的价差组合交易策略中选择一个最符合他对每个相关定价因素预测的策略。熟练的交易者充分考虑了期权头寸的所有定价影响因素的风险，因此，与那些没有充分考虑的交易者相比他们就获得了胜算。

以期权为中心的风险和资产类别

期权价差组合还使交易者能够交易一种他们本来无法交易的资产类别：波动率。每笔期权交易最终都可以归结为两个风险敞口：方向和波动率。方向风险是用 Delta 来衡量的。波动率风险可以分为两类：已实现波动率风险（以 Gamma 和 Theta 来衡量）和隐含波动率风险（以 Vega 衡量）。

股票、ETF 或期货等线性交易工具的价值不包含波动率。线性交易工具的风险敞口完全由 Delta 来衡量。具体地说，它们的 Delta 值是 1.00（100 股股票、1 份期货合约，等等）。它们没有 Gamma、Theta 或 Vega 值。Gamma、Theta 和 Vega 纯粹是衡量以期权为中心的风险。

期权交易者总是会面对波动率敞口——无论这是不是他们的意图。也就是说，每个期权头寸都会有已实现波动率偏差和隐含波动率偏差。看多已实现波动率的头寸有正的（多头）Gamma 值和负的 Theta 值，看空已实现波动率的头寸有负的（空头）Gamma 值和正的 Theta 值。同样地，交易者持有的看多隐含波动率头寸有正的（多头）Vega 值，看空隐含波动率头寸有负的（空头）Vega 值。

交易者可以积极构建针对已实现波动率和隐含波动率的头寸。这使得波动率本身成为一种名副其实的资产类别。虽然所有交易者都可能从波动率中受益，但期权交易者——而且只有期权交易者——可以交易波动率。

价差组合与做市商套利

价差组合还为做市商定价期权提供了一个框架。基于同一标的资产的上市的所有期权都具有内在相关性。这种相关性是相似合约可替代的结果，我将在第 13 章中更详细地讨论。

在某些方面，期权价值的相互关系使得交易期权比交易线性资产更容易。尽管期权在本质上可以说比股票或期货更复杂，但价差组合估值为交易提供了一个框架。当一份期权合约的价值是已知的时，它可以作为一个"参考"来给其他期权合约定价。交易者可以以有利的价格交易价差组合，方法是"参考"价差组合的一条腿，等待另一条腿的价格变化使价差组合价格变得不合理。当他们这样做时，交易者可以执行全部的价差组合，以获得套利利润或至少获得有利的交易价格。

价差组合类别

所有的价差组合大致分为四类：垂直价差组合、时间价差组合、跨式价差组合和宽跨式价差组合以及合成价差组合。

垂直价差组合

垂直价差组合是由两个看涨期权或两个看跌期权组成的价差组合，两者都基于同一标的资产，具有相同的到期月份，但执行价格不同。例如：

以 6.00 美元买入 XYZ 1 月到期、执行价格分别为 110 美元和 120 美元的看涨期权价差组合。

在这一价差组合中，交易者买入 XYZ 1 月到期、执行价格为 110 美元的看涨期权，同时卖出 XYZ 1 月到期、执行价格为 120 美元的看涨期权，支出总计 6 美元。卖出执行价格为 120 美元的看涨期权所获得的权利金抵消了为执行价格为 110 美元的看涨期权支付的权利金。

在专业交易术语中，垂直价差组合分为两类：看涨期权价差组合和看跌期权价差组合。因此，交易者可以交易四种可能的价差组合：

▶ 买入看涨期权价差组合。
▶ 卖出看涨期权价差组合。

▶ 买入看跌期权价差组合。

▶ 卖出看跌期权价差组合。

与简单的买入或卖出看涨期权价差组合或看跌期权价差组合不同，非专业交易者使用另外的术语对垂直价差组合进行分类。散户通常将垂直价差组合分为借记价差组合和贷记价差组合或牛市价差组合和熊市价差组合。

之所以称之为借记价差组合和贷记价差组合是因为，进行交易时，交易者的账户中会产生收入或支出。当在看涨或看跌期权价差组合中买入较昂贵的期权，卖出较便宜的期权时，交易者会在账户中借记（即交易者为价差组合支付成本，希望稍后能以更高的价格出售）。因此，出现了借记价差组合这个说法。

当在看涨或看跌期权价差组合中卖出较昂贵的期权，买入较便宜的期权时，交易者会在账户中贷记（即交易者因价差组合获得现金，希望稍后能以更低的价格了结交易）。因此，出现了贷记价差组合这个说法。

方向性敞口也可以在散户圈中用作区分标准。从标的资产价格上涨中获利的看涨或看跌期权价差组合分别被称为"牛市看涨期权价差组合"或"牛市看跌期权价差组合"；从标的资产价格下跌中获利的看涨或看跌期权价差组合分别被称为"熊市看涨期权价差组合"或"熊市看跌期权价差组合"。

垂直价差组合是期权价差组合中最强大、用途最广泛的类别之一。它可用于交易方向性敞口、时间利用、波动率重估等。它可以是非常保守的，也可以是非常杠杆化的。它的结构虽然简单，但它是相当复杂的价差组合，交易者需要彻底了解才能进行有效的交易。

比率垂直价差组合，包括后式价差组合，是垂直价差组合的延伸。相对于通常的一比一的垂直差价，比率垂直差价有一个购买的期权合约数量与出售的期权合约数量的比例，这个比例并非一比一。它们有时被称为一对二、一对三，或任何期权比例的表示方式。例如，交易者可以通过买入一份 XYZ 11 月到期、执行价格为 20 美元的看涨期权并卖出两份 11 月到期、执行价格为 22.50 美元的看涨期权，来构建 XYZ 的 11 月到期、执行价格分别为 20 美元和 22.50 美元的看涨期权价差组合。

比率差价可以按任意比例创建。一般来说，交易大量的低价期权是为了创建一个低风险的交易。我们通常将导致支出的比率价差称为"买入价差"，将导致收入的比率价差组合称为"卖出价差"。

时间价差组合

时间价差组合是由两个看涨期权或两个看跌期权组成的价差组合，两者都基于同一标的资产，拥有相同的执行价格，但到期月份不同。例如：

以 2.30 美元的价格购买一份 XYZ 分别在 3 月和 4 月到期、执行价格为 50 美元的看涨期权差价。

在这个价差组合中，交易者买入一份 4 月到期、执行价格为 50 美元的看涨期权，同时卖出一份 3 月到期、执行价格为 50 美元的看涨期权，净支出为 2.30 美元。

时间价差组合也被称为"日历价差组合"或"水平值差组合"。在下达交易时间价差组合的指令时，如果交易员买入距离到期时间更长、更加昂贵的期权合约，他们就会说他们正在买入价差——这将导致交易支出。如果交易员卖出距离到期时间更长、更加昂贵的期权合约，他们就会说他们正在卖出价差组合——这将导致交易收入。

在专业交易环境中下单的交易员会简单地说："买入一份 5 月至 6 月执行价格为 70 的看跌期权。"在非专业的交易环境中，该指令变为"买入一份 5 月至 6 月执行价格为 70 的看跌时间（或日历）价差组合"。

时间价差组合是专业交易者和散户都可以交易的有效策略。专业交易者倾向于将时间价差组合作为对波动率差异进行交易的工具，买入波动率较低的月份的期权，卖出波动率较高的月份的期权。散户更倾向于买入价差组合，有时会无视波动率水平，目的是从不同到期日的期权的时间衰减差异中受益。

其他属于时间价差组合系列的常见期权价差组合有双日历价差组合、对角线价差组合和双对角线价差组合：

▶ 双日历价差组合由同时构建的两个时间价差组合组成，创造了一个四条腿的期权策略——做多（或做空）两个长期期权，做空（或做多）两个短期期权。双日历价差组合由两个相同执行价格的价差组成。当一个价差组合（较低执行价格的价差组合）是看跌日历价差组合，而另一个（较高执行价格的价差组合）是看涨日历价差组合时，双日历价差组合有时也被称为"宽跨式掉期"。

▶ 对角线价差组合由两个期权组成，这两个期权的到期月份和执行价格都不同。对角线价差组合之所以被称为对角线，是因为它是垂直价差组合和水平值差组合的组合。在散户交易中，最常见的是买入较低执行价格、较长到期期限的看涨期权，然后卖出较高执行价格、较短到期期限的看涨期权。在专业交易者交易中，对角线价差组合的构建更加多样化。

▶ 双对角线价差组合由两个对角线价差组合组成。最常见的情况是——尤其是在散户交易中——由两个不同到期月份和四个不同执行价格的期权合约组成。这种价差组合可以由看涨期权和看跌期权组合而成。

跨式价差组合和宽跨式价差组合

跨式价差组合包括一个看跌期权多头和一个看涨期权多头（或一个看跌期权空头和一个看涨期权空头），它们具有相同的执行价格和相同的到期月份。同样，宽跨式价差组合包括一个看跌期权多头和一个看涨期权多头（或一个看跌期权空头和一个看涨期权空头），每个看跌期权和看涨期权都有不同的执行价格。通常，宽跨式价差组合中看跌期权的执行价格（通常在构建价差组合时都是虚值期权）都较看涨期权（通常在构建价差组合时也都是虚值期权）低。

再一次强调，构建价差的前提是价差组合能降低风险。有人可能会争辩说，跨式价差组合或宽跨式价差组合都不能降低风险。就增量风险而言，构成价差组合的各条腿的 Theta 值、Gamma 值和 Vega 值都会增加一倍左右。Delta 通常会得到抵消，但波动率风险增加了一倍。出于这个原因，有一些交易者（尽管是少数）认为跨式价差组合或宽跨式价差组合并不属于价差组合。

跨式价差组合和宽跨式价差组合都是波动率的游戏。尤其是跨式价差组合，是买入或卖出波动率的最纯粹的方式。Gamma 值和 Vega 值都是通过买入或卖出两个分散的腿来实现最大化的，如果出现价格波动，盈利或亏损可能会大幅增加。这一事实就证明了这一点。

合成价差组合

看跌－看涨期权平价关系式是一个表达看跌期权与看涨期权之间关系的公式。这个简明的公式可以延伸出更多的东西。它还提出了期权合约之间的关系，称为"合成关系"。式（3-1）是看跌－看涨期权平价关系式[⊖]：

$$看涨期权 = 看跌期权 + 标的股票 - 执行价格 + 利息 - 股息 \quad （3-1）$$

用一种非数学的术语重新表述这个等式就是，一旦计入利息和股息，一份看涨期权等于一份具有相同执行价格的看跌期权加标的股票。从数学上讲，如式（3-2）所示：

$$看涨期权 = 看跌期权 + 标的股票 \quad （3-2）$$

具体来说，如式（3-3）所示：

$$看涨期权多头 = 看跌期权多头 + 标的股票多头 \quad （3-3）$$

看跌期权多头和标的股票多头的组合是一种基本的价差组合。改变公式中的符号会产生重要的代数重构，从而创造出其他的价差组合。一些合成价差组合包含股票，一些价差组合只包含期权。合成关系有助于交易员进行套利交易，也有助于他们用更简单的术语理解头寸。对于合成关系我将在第 11 章中进行更加详细的讨论。

价差组合、价差组合名称和交易理念

这四种价差组合类别是期权价差组合的一般分类，然而，似乎有无数的独特的价差组合可供交易。所有价差组合都属于这四种类别中的一种或多种。有些人似乎花了一生的时间来学习一个接一个不同的价差组合。但正如人们所看到的，由于通过期权可以创建大量独特的价差组

　⊖　具体地说，看跌－看涨期权平价关系式针对欧式行权风格的期权。

合，所以这可能不是精通价差组合交易的最佳方法。

问题是，很多时候有抱负的价差组合交易者，特别是非专业领域的人，会把注意力集中在错误的事情上。他们被每个价差组合的特点所吸引，按名称区分价差组合，研究它们的到期损益图和每个价差组合的构建"规则"等。他们关注单个价差组合的局限性。作为从交易大厅出来的交易员，我像我的许多同行一样，用了一种不同的方法来学习价差组合。场内交易员倾向于将价差组合交易作为一种技术，作为整体交易方法中的一部分，而不是一系列零散的碎片化策略。

在从事多年的专业交易后，我开始经常与散户合作，担任他们的讲师。当我开始第一次巡回演讲时，市场比较稳定，当日适宜的交易策略是铁鹰式价差组合（一种在低波动环境中获利的四条腿价差组合策略）。因此，我发现自己在一次又一次地介绍铁鹰式价差组合策略。

大约在那个时候，我和一位我认识的专业交易者交谈，他在一家自营交易公司工作，从事波动率套利交易——这是一种高水平的业务。顺便说一句，这家公司是美国一家大型的、非常成功的期权玩家（换句话说，一家拥有真正优秀交易员的公司）。那家公司的交易员问我最近在忙什么。我告诉他我是如何去一些城市做关于铁鹰式价差组合的演讲的。他反问道："什么是铁鹰式价差组合？"

这并不是说这个交易员对期权一无所知。相反，他是我认识的最成功、最聪明的交易员之一。他不了解的原因主要是铁鹰式价差组合在专业交易者中并不像在散户交易圈中那么受欢迎，而这位交易者主要关注跨式价差组合、合成关系和新颖的风险管理方法。他可能在职业生涯中多次交易过铁鹰式价差组合，只是不知道这个策略的名字。如果是这样的话，他可能只是把这种策略和其他策略拼凑在一起，因为它恰好具有适合他当时情况的风险特征。好的期权交易者使交易符合预期；业余爱好者将预期与交易相匹配。这就是他们的不同之处。

专业交易者和聪明的散户寻找特定情景所需的绝对风险和增量风险，并创建符合他们预测的期权头寸。他们专注于方向、时间、波动率，或许还有利率方面的风险敞口，也就是以期权希腊字母衡量的敞口，并建立一个头寸来利用这些敞口。

价差组合交易哲学与方法论

有序的交易选择方法在价差组合交易哲学中也很重要。我认为新入行的交易者面临的最大问题之一就是，他们只学会了少量的价差组合策略，并紧紧抓住这些价差组合策略不放。然后，他们被迫寻找与他们所知道的操作相匹配的标的资产工具。这样做对交易员造成了两方面的限制：它限制了可供交易的工具数量；但更重要的是，它限制了交易员在建立头寸后如何有效管理头寸。

交易者调整头寸是很常见的。调整意味着改变价差组合以改变其风险特征。这可能包括滚动（关闭价差组合的一条腿并开新腿以创建新的价差组合）、扩大、缩小或以某种其他方式改变价差组合。交易者必须始终持有与交易者预期相符的头寸。当他们的预期发生变化时，头寸必须被了结或被调整。

如果交易者只知道几种价差组合策略，那么他可能不熟悉任何通过调整而产生的新策略，交易者也就没有做好应对风险的准备。因此，我们的目标不是试图掌握许多不同类型的价差组合策略，交易者需要掌握的是期权，剩下的就水到渠成了。

第 4 章

期权的其他名词术语

作为做市商，它们会不禁感觉自己总是在回头看。在以买价买入和以卖价卖出的过程中，做市商积累了大量头寸，其中任何一种都可能以各种方式在它们的背后"咬人"。例如，做市商可能在某个期权类别上做空 Gamma，如果发生意外，价格大幅波动，这可能会导致灾难。它们可能在另一个期权类别中有太多负的 Theta，而且无法在三天的周末⊖时间衰减之前减少头寸。或者，做市商可能在某个期权类别中拥有过多的 Vega 多头或 Vega 空头，如果隐含波动率在某种情况下走势与其判断不符，这可能是非常致命的。

所有的期权交易者的生存死亡都取决于希腊字母。对于非流动性提供者来说，希腊字母提供了最清晰的方式来全面观察头寸风险。对于做市商而言，它们是管理大量积累的、各种不同执行价格的头寸的唯一方法。

⊖ 美国很多公众假期都安排在周一，叠加正常的周末两天，就会出现"三天的周末"。——译者注

在我职业生涯的早期，我是芝加哥期权交易所债券交易室的一名场内经纪助理，为一名要求相当高、非常投入的交易员服务。我工作的一个主要职责是收集他的"卡片"——交易员会在卡片上写下他们的交易信息，并由场内经纪助理将其传递给清算公司，以知会它们相关的交易细节。在将卡片交出之前，我会先将这些交易信息输入计算机系统，并生成头寸运行。头寸运行中会显示每个执行价格上的期权多头和空头头寸、期权和标的资产价格、标的资产发生一个标准差变动时所承担的货币价值风险、损益分析，当然还有头寸的希腊值等。最重要的是，我要核实有关头寸运行的信息，并且我必须是正确的。

有一天，那是我在债券期权交易池中见过的最忙的一天，我为之工作的那个交易员每隔几分钟就会向我推来一些卡片。我来回跑着，在办公桌前的电脑上输入信息，验证数据是否准确，是否有逻辑，然后跑到交易员那里，拿更多的卡片，如此重复。

然而，不幸的事情发生了：电脑宕机了。当我说"不幸的事情"时，我的意思是这是一件非常不幸的事情。当时大概是在 1995 年，发生这种情况需要打电话给计算机部门的人来找出问题所在。在我们重新启动并成功运行之前，这将花费半小时或更长的时间。这是一个问题。

但交易是必须继续进行下去的。我为之工作的交易员有一个头寸——一个很大的头寸，他只有知道他在这个头寸上的风险，才能知道问题可能会出现在哪里，如何分散当前的风险以及如何调整他的买卖报价来平衡他的头寸。他需要电脑中的信息来避免潜在的灾难，而我当时无法访问这些信息。

做好最坏的打算后，我深吸了一口气，走进交易池里，平静地解释说，电脑坏了，我不确定要多久才能修好，也不知道他的头寸情况。

那天我学到了几个道理。其中一个是，即使你认为你已经做了最坏的打算，情况也可能比你想象的要糟糕得多。但与这个道理同样重要的是，我了解到，从计算机中输出的数据并不像我之前想象的那样神秘和深奥。

这位交易员向我嚷嚷（相当大声，带着许多脏话），要我把他头寸的希腊值告诉他，即使这需要我手工计算。最终我也的确是这么做的。

每个期权都有相应的 Delta 值、Gamma 值、Theta 值、Vega 值和 Rho 值。价差组合的希腊值，即使是像做市商持有的那种大型复杂价差组合（即头寸），也只是作为价差组合组成部分的所有单个期权的希腊值的总和。因此，这是一个相当简单的过程——乏味但简单，只需要将每笔交易中每个期权的 Delta 值、Gamma 值、Theta 值和 Vega 值乘以这笔交易中对应的期权合约数量，然后将这个总和添加到现有头寸上，并对新的标的价格做出调整。

期权定价模型

希腊字母是期权定价模型的副产品。期权定价模型使用一系列输入变量生成期权的理论价值。其中一些输入变量也用于计算希腊值。不同资产类别所需的模型输入变量大致相同，有一个变量可能有所区别——股息。所有常规的美式或欧式期权定价模型都有五个输入变量：执行价格、标的资产价格、到期时间、利息和波动率。股票期权可能将股息作为第六个输入变量。

各种模型

期权定价模型曾经是一种有点深奥的工具，仅适用于专业交易者和学者。如今，期权定价模型无处不在，所有人都可以轻松使用。在撰写本书时，用谷歌搜索"期权定价模型"返回了 130 万条结果。

当代非专业人士能够有效使用期权定价模型是两个主要变化的结果：①现代技术和信息传输的发展，更有效地将该模型整合到散户的交易程序中；②越来越多的模型和交易平台集成模型被创建，其中一些是专门为普通公众创建的。

第一个被广泛接受的期权定价模型是在 1973 年提出的，它被称为布莱克－斯科尔斯模型。布莱克－斯科尔斯模型计算的是欧式行权、非派息股票期权的理论价值。基于该模型创建者费希尔·布莱克和迈伦·斯科尔斯的努力成果，很快出现了更多解释期权价格行为的期权定价模型。如今，有许多不同的模型可供交易者使用。所有这些模型都有相同的目的——产生理论价值，并计算出相关的希腊值。但每种模型都有不同的计算方法，因此得到的结果略有不同。

在散户交易中，布莱克－斯科尔斯模型仍然经常被用来评估欧式期权的价值，比如许多美国指数期权合约。对于美式行权风格的美国股票期权，散户通常使用二项式定价模型。这个模型和其他几种模型都可以通过简单易用的界面在互联网上免费使用。

专业交易者，特别是那些能够利用规模经济的交易员，倾向于使用更先进的模型——有时甚至是内部开发的自营交易模型。在许多情况下，模型的不同之处在于覆盖了什么变量，微调以得到同一标的上挂牌交易的所有期权的相对价格，其中一个主要考虑因素是波动率倾斜。

波动率倾斜

基于同一标的资产的不同期权的隐含波动率不必相同。事实上，也很少是这样的。这种现象被称为"波动率倾斜"。波动率倾斜可以从两个不同的角度来理解：①波动率在可用的到期月份之间如何变化，②波动率在可用的执行价格之间如何变化。

波动率期限结构

可用到期月份之间的波动率差异被称为"波动率期限结构"，即水平倾斜或月倾斜。如果认为隐含波动率反映了市场对期权的需求和供给——所有其他期权定价因素保持不变，那么每个到期周期可能有不同的隐含波动率。例如，如果在接下来的几天里，一则重要的公告预计会出现在特定股票的相关新闻中，交易者可能会购买短期期权（因此，推高了它们的价格），而忽略更昂贵的长期期权，这些长期期权包含的时间超过了交易所需的时间。

相反，如果预计在三个月后会有重大公告，交易者可能会购买与波动事件的预期时间范围一致的三个月或四个月到期的期权，从而推高相应到期月份期权的隐含波动率。如果市场认为股票价格在消息发布前将保持稳定，则短期期权（距离到期不到三个月的期权）的隐含波动率可能会保持稳定，甚至下降。

期限结构可能有很大不同。有时波动率差异可能很大，有 10 个点、20 个点或更多。有时它们可能差异很小，只有 1 个点或更少。一般来说，这种差异与波动事件预期发生的时间有关，但有时其他因素也会发挥作用。

垂直倾斜

垂直倾斜是在同一个到期月份内上市的各种行权价格期权合约隐含波动率的差异。垂直倾斜有时被称为"执行价格倾斜"。与水平倾斜一样，垂直倾斜也是服务于目的稍微不同的期权供给和需求的函数。尽管在相同到期周期内上市的相同类型的所有期权在某种程度上是可相互替代的，但是考虑到特定的市场心理和标准，它们的价值状态所固有的微妙差异使它们受欢迎的程度也不同。

垂直倾斜的主要影响因素之一是人们的恐惧。对于股票期权（以及许多ETF期权和股指期权）而言，人们担心价格下行。总的来说，市场是看多股票的。公司发行股票后，股票由个人或机构持有——有人拥有它。尽管一些交易员可能会做空股票，但他们会将股票卖给其他人，然后这些人就会拥有它。股票是存在的。期权，特别是看跌期权，可以保护这些股票拥有者免受由股价下跌造成的损失。因此，对于同一股票、同一到期月份的期权而言，虚值看跌期权（或者按照合成关系，实值看涨期权）往往比其他相同到期月份的期权具有更高的隐含波动率。

相反，虚值看涨期权（以及按照合成关系，实值看跌期权）往往隐含波动率较低。这源于市场稳定或上涨时投资者的自满。在这些情景下，投资者倾向于卖出虚值备兑看涨期权（由多头股票和空头看涨期权组成的价差组合），因为如果股票价格下跌，看涨期权不会造成致命伤害。（事实上，它们提供了一些缓冲，抵消了股价下跌造成的部分损失）。如果股票价格稳定，备兑看涨期权交易员在看涨期权到期时能够赚取利润。如果股价上涨，交易员也会获得利润（尽管他可能会放弃一些上涨的空间）。这种做空看涨期权倾向给执行价格高于股价的期权带来下行压力，由此产生偏差。

其他资产可能存在与股票期权不同的垂直倾斜。例如，农产品期权的持有者往往对价格上行感到担忧。如果粮食价格上涨，粮食存储商和食品加工商必须支付更多费用。不断上涨的粮食价格是一个通胀因素。因此，一些谷物期权套期保值者倾向于抬高执行价格相对较高的期权的价格。

波动率、倾斜和定价模型

在实际应用中，期权定价模型要求交易者输入一个"匹配"市场的隐含波动率。被计算出来的理论价值位于买价和卖价之间，以反映当前的市场价值。因此，正如其名，"隐含波动率"是市场隐含的波动率。

理论模型的假设输出——期权价值——一般是已知的（即市场价格），需要确定的是波动率输入。从逻辑上讲，期权价值应该介于买价和卖价之间。市场（整体上）想在买价上买入，因此，期权价值必须高于买价——市场希望支付的价格低于期权的价值；同样，市场希望在卖价上卖出，因此，期权价值必然会低于卖价。

交易者——尤其是活跃的专业交易者——需要知道他们交易的期权类别上挂牌交易的每一个期权合约的波动率。不同执行价格的波动率之间往往有特定的关系。波动率随着每个相邻执行价格的上升或下降以倾斜的方式线性或呈指数地上升或下降。因此，垂直倾斜可以用上升斜率和下降斜率来解释。

许多更高级的模型通过交易者输入单个波动率变量并添加一个上升斜率变量与一个下降斜率变量来自动计算相邻执行价格合约的垂直波动率倾斜。单一的波动率输入通常是平值期权的隐含波动率（尽管情况并不总是如此）。然后，上升斜率用于计算较高或较低的波动率变量输入，以计算执行价格依次高于平值期权执行价格的期权理论价值。下降斜率以增量方式计算较高或较低的波动率变量输入，用于计算执行价格低于平值期权执行价格的期权理论价值。

同样，这些计算线性地或指数性地产生对应每个执行价格的波动率。交易者"排列"斜率以适应市场，确保理论价值准确反映市场值。这对于持有大仓位的活跃交易者而言尤为重要。

倾斜、斜率与希腊字母

每个希腊值取决于定价模型中使用的变量输入。当然，所得到的期权理论价值也是数学模型计算的直接结果。做市商和其他套利者必须特别小心，以确保斜率是正确的。如果斜率输入不正确，就会出现两个问题：①产生的理论值将不正确，导致个别期权定价错误和价差组合定价错误；②希腊值将不正确，从而无法执行适当的头寸管理。

谈谈尾部

使用的特定模型和斜率计算方法不同，你将得到不同的期权理论价值和不同的希腊值。比较不同模型对同一个期权的计算，可以发现整个链条中期权理论价值和希腊值的差异。不同模型的差异是显而易见的，特别是关于概率曲线的"尾部"是如何计算的。

许多模型假定股价服从对数正态分布。然而，交易界的许多人认为，标准的对数正态分布并不能代表现实。在历史上，极不可能的统计事件（例如，三倍、四倍和五倍标准差之外的价格变动）在股票市场中发生的频率比标准对数正态曲线显示的概率要高得多。

过去的观察表明，这是一种尖峰分布。这意味着现实概率分布曲线的尾部比典型定价模型使用的常规对数正态曲线更具有"肥尾"特性，也就是说，它们有更大的多个标准差之外价格变动的概率。高级模型通过调整斜率的波动率来弥补纯理论模型的缺点，以适应观察到的实际价格波动的尖峰分布。

正确波动率输入的重要性

如果波动率输入是错误的（无论是对于平值期权还是位于曲线尾部的深度虚值期权而言），期权理论价值和希腊值都将是错误的。理论价值的精确度是非常重要的——尤其对专业交易者而言。做市商和其他套利者在低于理论价值的水平买入，在高于理论价值的水平卖出，以产生理论胜算。如果波动率值不正确，交易者可能会在不知情的情况下交易，产生负的理论胜算——这是一个显而易见的问题。下面让我们更仔细地研究一下得到不正确的希腊值的后果。

想象一下这样一个场景：一名股票期权交易者使用的波动率假设与实际市场价值略有偏差。当波动率上升时，这一假设使所有期权的 Delta 值都朝着 0.50 的方向移动。这意味着虚值期权的 Delta 值升高，实值期权的 Delta 值降低。相反，当波动率下降时，Delta 值就会偏离 0.50。因此，虚值期权的 Delta 值变低，接近于零，而实值期权则上升到 1.00。因此，错误的波动率可能会对头寸的 Delta 值造成严重后果，特别是对大额头寸来说。

举例

假设交易员做空了以下头寸：

苹果公司股价为 289 美元时，以 11.90 美元的价格卖出 500 份 1 月到期、执行价格为 310 美元的看涨期权（波动率 = 32，看涨期权 Delta = –0.38）。

每份看涨期权的 Delta 值为 –0.38，500 手头寸的 Delta 值就是 –190，相当于 19 000（500 乘以 0.38 再乘以 100）股股票空头的方向性敏感度。

如果交易员错误地使用了较低的波动率，比如 29（可能是因为斜率不正确），那么对于执行价格为 310 美元的期权而言 Delta 值就会更低，计算得出每份合约的 Delta 值为 –0.36。对于这 500 手头寸而言，总 Delta 值为 –180，或者说相当于有 18 000 股股票空头的方向性敏感度。

1000 个 Delta 差异的价格敏感度可能会严重误导交易员的预期，进而误导他的头寸管理。苹果公司股价每上涨 10 美元，就意味着有 10 000 美元的盈利或损失没能计算出来，因为错误的 Delta 值产生了 19 000 个 Delta 空头与 18 000 个 Delta 空头的差额。此外，如果对这一头寸进行对冲，不正确的对冲将出现 1000 个 Delta。交易员可能认为他是多空平衡的，但事实上，他所进行的对冲是错误的，会导致意想不到的收益或损失。

如果波动率或斜率输入不正确，Gamma 值、Theta 值和 Vega 值都可能会像 Delta 值那样出现偏差。波动率输入的不同导致希腊值的差异是多个标准的函数。例如，如果输入的波动率相对较低，平值期权将具有较低的 Theta 值和较高的 Gamma 值，但对实值期权或虚值期权的影响相对较小。了解波动率对希腊值的影响非常重要，但它们之间的关系并不总是直观的。

下班后的闲逛

在开始我的交易生涯时，我和其他人一样准备充分。我把我的准备充分归功于我在当场内经纪助理的那几年是如何度过我的空闲时间的。在我人生的那个阶段，我没有妻子，没有孩子，只有一份（糟糕的）兼职工作来补充我相当不足的场内经纪助理工资，这样我就可以付房租了。

在很长一段时间里，我每天都会在市场收盘后花一两个小时在我当时工作的公司的办公室里摆弄期权定价模型用户界面。这是该公司创造的自有系统。同样，在 20 世纪 90 年代初，这些产品并没有被广泛使用。现在，任何支持期权交易的零售经纪公司都会提供这样的界面（通常比我当时使用的界面更好），并且作为其交易平台的一部分，不向客户收取任何费用。

在电脑前，我会创建仿真交易并管理它们，就像它们是真实的一样。我会以市价交易。我还会改变情境：我会把日期往前移，看看损益图和希腊值的变化；我会改变波动率；我会改变标的资产的价格；我会改变斜率。我一直在考自己，试图正确地猜测头寸会针对给定的变化做出怎样的反应。

这个私人练习实验室在很长一段时间里都是我学习过程中的一部分。我对于掌握这个模型非常严格。我觉得它很吸引人。事实证明，这是我所能得到的最好的训练之一。虽然理论和学术是必不可少的，但没有什么比亲自观察不同交易情景假设下的价格走势变化更重要的了。

警告与启示

学习模型的功能是必不可少的，但人们必须考虑它的本质：一个模型。它是用来解释现实的应用数学。这应作为警告和启示。

在花了很多时间准备成为一名交易员，并学习了几乎所有我作为一名场内经纪助理能做的事情后，我发现自己迈出了作为交易池会员的第一步：1998年，我开始在芝加哥期权交易所交易大厅作为做市商进行交易。我很快就开始积累头寸——很大的头寸，然后进行管理。尽管作为一名场内经纪助理，我以各种可能的方式对模型进行了压力测试，但我发现，在现实中，期权头寸的表现有时与人们根据模型进行预测的略有不同。成为一名交易员也有一个学习曲线。

我一开始为一个股票期权类别市场做市——福特汽车公司（Ford Motor Company）的股票期权。后来，我很快增加了另一只股票，然后是另一个。很快，我就有了10个，然后是20个期权类别可供交易。尽管各个标的股票来自不同的行业，具有不同的商业模式和不同的价格走势，但添加一个新的期权类别是相当连贯的。

交易基于一种资产的期权就像交易基于任何其他资产的期权一样。期权定价模型并不知道股票的名称、行业或相关图表的样子，它只知道数字。一名成功的期权交易者，就是要理解期权是如何运作的，以及它们所有的细微差别和变化。标的资产在某种程度上是不相关的。

事实上，当市场状况发生变化时，做市商从速度变慢、成交量变小的交易池转移到更活跃的交易池是很常见的。我职业生涯的大部分时间都是在福特交易池里度过的，作为做市商对在那里交易的各类期权进行交易。多年来，它一直是一个活跃的交易池。然而，当市场状况发生变化时，我会转移。当股票期权交易业务大幅减少时，我转到芝加哥期货交易所交易玉米期权。玉米和汽车制造商看上去似乎是两个截然不同的个体——事实也的确如此。然而，交易以它们为标的资产的期权却几乎是一样的。

第 5 章

交易之道

在我生命中的某个时刻，我所认识的人中没有人拥有我所说的"真正的工作"。作为一名专业交易者，我具有根深蒂固的交易文化。我成年后相当长的时间都与其他交易员在一起。我必须承认（我意识到），交易员是一个有趣的群体。交易业务也同样令人着迷——与其他任何业务都不同。我们中的许多人都有专业交易者的称号，他们会认同交易不是一份"真正的工作"。

专业交易者不像典型的公司员工那样，在隔间里辛勤工作，配合上级的（不好笑的）笑话而哈哈大笑，希望能出人头地——玩职场游戏。交易员的目标只有一个：获利。如果他们实现了这个目标，他们就成功了。

一些交易员是没有老板的独资自营交易者。对于那些为公司工作的交易员来说，只要他们还在赚钱，他们的老板往往就不会打扰他们。作为一名场内交易员，我曾经经历过几周，甚至几个月的时间，都没有见过我的老板——我喜欢这样的工作方式。大多数交易员都不会像俗语中所说的那样拍马屁。没有人关心交易者的举止、怪癖、受教育程度、背景、个人卫生等。只要交易者能赚钱，他就是好交易者，这是底线。你走到交易池（或办公室）中，试着赚钱，然后回家。这是一份真正的工作吗？值得商榷。

兰德的骄傲

对于交易界的一些人来说，非常幸运的是，他们从来没有过令人生畏的"真正的工作"。他们可能无法在"外面"生存下来。交易界的成员都有不同的背景，但他们被一个共同的目标联系在一起，那就是努力了解市场并从中赚钱。

期权交易可能是有些技术含量的，交易员必须聪明。但这并不意味着他们必须是一群常春藤高校毕业的高才生。交易员在哪里上学，他的血统或家庭血统都无关紧要。交易行业是资本主义最好的表现形式。如果你有本事通过做交易赚钱，那么在交易行业就没有什么能阻止你。如果你做不到，就没有什么可以帮助你了。

正是对盈利的纯粹追求，再加上纯粹的能力，推动了交易员取得成功（顺便说一句，这间接为大众提供了流动性服务）。安·兰德⊖会为你骄傲的。有些人具备交易员成功所需的条件，有些人则没有。很多人上不起昂贵的学校，但由于他们足够聪明，白手起家，成为成功的交易者。

当我还是一名场内经纪助理，正试图决定是否从事交易职业时，我

⊖ 从上下文来看，这里的安·兰德指的是美国作家安·兰德（Ayn Rand, 1905年2月2日—1982年3月6日）。她的哲学理论和小说开创了客观主义哲学运动，强调个人主义的概念、理性的利己主义（"理性的私利"），以及彻底自由放任的资本主义。——译者注

问了一位我认识的交易员是否喜欢他选择的职业。他的回答是："我还能做什么呢？"他是交易池里最有影响力的经纪商——一个大交易者。他出身卑微，没有受过正规教育。但他很犀利，非常有进取心，而且非常吵闹——他有很强的"交易池存在感"。坦率地说，他是对的。他可能不能融入社会的其他地方，但他非常适合交易大厅的环境。

有很多人有着令人意想不到的背景，他们在期权行业开创了自己的事业。与我交易的人有前汽车销售员、职业赌徒、调酒师、政客和养猪户，也有来自很有权势的、知识分子聚集的或其他令人印象深刻的职业的人，如企业家、医生、工程师和世界纪录保持者，还有房地产经纪人、职业运动员、艺术家，哦，对了，以及一些金融毕业生。要再次强调的是，在交易大厅中唯一不变的是对把握市场的渴望。

世界上最好（及最坏）的工作

尽管作为一名专业交易者我几乎没有真正工作的感觉，但它本身是一种职业，与其他任何职业一样需要纪律和勤奋——或许比其他职业更需要。也许在某种意义上，人们也可以把它称为一份工作——抛开所有的语义不谈。交易员的工作有时确实是世界上最好的工作；但有时，它也是世界上最糟糕的工作。这是一个左脑占优势的数字游戏，也是右脑发挥作用的高度情绪化的游戏。在许多情况下，对这份工作的爱或恨可以归结为上一笔交易是赢家还是输家。

作为一名专业交易者，有一些好处，也有一些坏处。工作时间可能会非常使人满意。例如，谷物市场从中部时间上午 9:30 开市，到下午 1:15 交易就结束了——一天不到四小时。债券交易员需要早起，从早上 7:20 开始，但他们在下午 2:00 之前工作就结束了。在芝加哥，即使是股票期权交易员也会在 3:00 之前完成交易。当收盘铃声响起时，除了回家没什么可做的。此外，交易员掌握着自己的命运。没有办公室政治，只有手头的工作，且回报可能是相当可观的。有许多 30 岁以下的交易员一年赚六位数，甚至七位数。

但是，要把自己从一天的工作中抽身出来可能很困难——交易员很难不把工作带回家。很多事情都有可能出错。有些麻烦交易员可以控制，有些是无法控制的。依靠自己生存和发家是有成就感的，但糟糕的日子——也会有糟糕的日子——可能会让人心情沉重。有时我会带着礼物回家送给我的妻子；有时我们则会谈论卖掉家具来支付房租。

别人的钱

对于许多人来说，交易心理方面的问题难以克服可能是获得成功的一大障碍。为自己的钱进行交易的心理与为他人的钱进行交易不同。为自己交易的交易者很容易在交易中过于谨慎。毕竟，一些期权头寸可能有潜在的无限风险。而专业交易者，尤其是做市商，需要进行大额交易参与竞争。对于活跃的做市商来说，大量资金处于危险之中。交易员需要更谨慎一些。但带着太多恐惧进行交易可能不利于成功，可能会使一些交易员麻痹，导致他们错失一些利用合理风险赚钱的机会。对于一些交易者来说，为一个交易团队工作可以帮助他们进行心理建设，并获得最好的赚钱方式从而赚最多的钱。

当我在芝加哥期权交易所交易大厅做市时，我偶尔会与一位高中同学共进午餐。这个人为自己工作，用自己的钱做交易。而我则相反，交易的是公司的钱。从我的工作性质来讲，我必须把我所得的相当大一部分交给公司。我的开支也比他略高一些，因为我还要向清算所支付费用。

他会时不时地问我，为什么我不拿自己的钱做交易。当他第一次问我的时候，我没有·个好的答案，我还没想过这个问题呢。所以我开始考虑这种可能性。起初，我看到了为自己做交易的好处。为什么要把这么多辛苦赚来的钱给别人？我才是那个赚钱的人。为什么我不能留着这些钱？

但是，我越想越觉得它的优点似乎也是缺点。确实，一方面，为自己交易可以让我获得 100% 的利润；另一方面，在一家成熟的、资本充足的公司工作，让我可以比作为个人交易者进行更大额的交易。我可以交易至少 10 倍于个人交易者，甚至可能更多的资金。做公司里的交易员我能赚得更多。在这个季度末，我是想要 25 000 美元的 100% 还是 25 万美元的 50%？计算结果很清楚。

风险心理也是一个相关的考虑因素。利用一家公司的资金做交易使人们更容易从情感上脱离每笔交易的金钱影响。对于交易者来说，当他的头脑不被情绪（尤其是恐惧）所蒙蔽时，他更容易做出更好的决定。当然，公司交易员仍必须严格控制风险。赔钱意味着不能带着工资回家，也可能意味着被解雇，失去以同样的能力进行交易的机会。虽然为公司交易仍然需要非常谨慎，但知道你的职业生涯中有一个基本的看跌期权来对冲最坏的情况，这在心理上是令人欣慰的——你唯一可能失去的就是你的工作。当右脑放松时，左脑更容易被控制。

交易之道

是有交易之道这种东西的。为了达到那种状态，交易者必须达到一种特定的心理状态——如果你想达到的话，那就是与市场融为一体。你称之为心理学也好，神秘主义也罢，或者叫它特定的人类状态也行，但是没有正确的态度，一个人是不能做好交易的。缺乏专注力，缺乏信心，不能与市场融为一体是所有交易者的敌人。

很多——事实上，我敢打赌是绝大多数——交易者都有仪式来帮助他们进入正确的状态。我可以坦率地承认，我自己在交易上也有一些古怪的仪式。例如，每天早上我到达火车站时，总是把车停在一类车位上——车位上的数字是 7，或者这些数字加起来是 7，或者是 7 的倍数。此外，我总是喜欢选择硬币正面朝上，即使是在不合适或危险的情况下，比如在重要会议上，在人群中行走，或者步行穿过拉萨尔街中央时。

正确的交易状态对每个交易者来说都是独一无二的，但也有一些核心的共性。积极的态度是必不可少的。如果你认为你赚不到钱，你就不会赚钱。对市场无所不知也很重要。交易员需要看到大局，才能找到机会，避免注意力被转移。

他们还必须在耐心和适应之间取得平衡。有时，交易是一个等待的游戏，但当情况发生变化时，交易员也需要改变，否则他们就会被甩在后面。固执肯定会让交易员陷入困境，不过，有时候反复无常也是如此。知道什么时候坚持，什么时候改变是一门艺术。

我曾经问过一位交易员，怎样才能成为一名伟大的交易员。他说："你必须善于赔钱。"虽然这看起来有点违反直觉，但我相信这是交易员拥有长久职业生涯的关键。

交易者中有赢家和输家，这都是游戏的一部分。专业交易者的职业生涯中会有成千上万次的赢和输。业余交易者的一个错误是把注意力集中在他们交易的输赢率上。虽然这很重要，但真正的问题是交易者如何对待每个结果。可以肯定的是，它的含义很广泛。经验丰富的交易者对赢输的看法更为复杂。

有时，博彩公司甚至被视为娱乐公司。为什么？因为对于大多数人来说，这就是他们想要的——一场有趣的游戏。比起左脑的理性，损失资金的风险更能刺激右脑的情绪激动。

博彩被归类为游戏／娱乐，因为这是博彩公司提供的服务。从它们的角度来看，这完全是生意。它们不是在寻找刺激，它们并不想赚快钱，它们寻找的是一种稳定的盈利方式——经营一门生意。它们的目标是长远的。

对个人来说每一次赢钱都是一次胜利。然而，博彩公司并不太关心每一场单独的赌博。它们知道，从统计上讲，它们总是会赢一些，也会输一些——涉及每场赌博的概率。事实上，它们知道会有很多输家和赢家，它们只希望有尽可能多的赌博。为什么？因为它们精心设计了相对于赔率的赔付结构，使它们能够保持统计优势，让每一次押注都有正的期望收益。在博彩业，这被称为胜算。

同样，这也是非业余期权交易的本质。经验丰富的交易者的心态超越了对单次交易结果的担忧，转而专注于在每笔交易中获得胜算——一种统计上的优势。有时，一笔交易的期望收益可能很少，但大量交易（无论是交易的频率还是交易的规模）中各笔微薄的回报可能会积累成丰厚的利润。

对于交易员来说，这可能是一条漫长的成功之路。但是，公平地说，这可能比在其他行业的成功之路短得多。成功来得很快。对于精明的交易员来说，这条成功之路可以持续很长一段时间。个别交易不会带来成功，事业是建立在所有交易结果之上的。成功来自擅长交易，而不是来自做了某一笔好的交易。

第 6 章

了解你的敌人

做市商与市场

当交易员有点像当罗马角斗士，需要很有胆量，会有满满的荣耀，但风险很大。有时，当我结束一天的交易回到家时，我的妻子会问我今天过得怎么样。我不止一次地回答说："我在战斗了一天后幸存下来了。"作为一名交易员，这是我所能希望的全部。交易业务本质上是矛盾的——永远矛盾。这是人与市场的较量。而且，这个市场确实是一个强大得像狮子一样的竞争者，与市场搏斗的斗士必须做好准备。与这个无情的敌人竞争，需要使用人类最强大的武器——知识。

交易员最主要的是需要洞察市场是如何运作的。他们需要了解期权业务黑箱背后的内部运作——无论是隐喻还是字面上的意思。在非专业交易者能够有效地执行交易之前，他需要了解交易执行过程实际上是如何工作的。

期权市场是如何运转的

在过去十年左右的时间里，期权行业迅速发展成为一种非常复杂的机制。为了建立一个完整、快速和高效的电子交易系统，大量的时间、精力和金钱被投入，这样的系统可以无缝处理全球交易所需的海量数据。今天使用的系统是许多人共同努力的产物，配备了数量惊人的硬件以及备份硬件，并创建了可以与经纪商、交易所、清算公司、交易员和最终用户无缝对接的各种新软件。

尽管现在有很多高科技基础设施，但交易方式的基本概念仍然与数百年前基本相同。在技术层面，交易机制相当简单。

期权交易——在场内上市交易的期权中——最终在几家交易所内完成。只有拥有或租赁交易权的交易者才有权在期权交易所实际执行交易。曾经，只有交易所会员拥有交易所席位后才能获得这些特权。过去几年，许多交易所的股权架构已从传统的会员所有模式转变为股东所有模式。在股东所有的交易所，交易者必须获得交易所的许可，允许他们要么通过电子交易方式，要么通过传统公开喊价（如果允许）方式直接在交易所执行交易。

事实上，只有很小一部分交易员有特权直接在交易所进行交易。那么，没有席位或许可的交易员如何买卖期权呢？他们通过经纪商进行交易。

客户订单表示

经纪商是代表客户执行交易的个人或实体。传统上，在电子交易所和在线经纪商出现之前，有两种不同类型的经纪商为客户执行期权交易——散户经纪商（或机构经纪商，视客户而定）和交易大厅经纪商。今天，在某些情况下，这两类经纪商仍在参与执行期权交易——特别是在电子交易尚未完全流行的美国大宗商品期权领域（在撰写本书时）。在大宗商品方面，经纪商的一般类别可以扩大到包括期货经纪商（Futures Commission Merchant，FCM）、介绍经纪商（Introducing Broker，IBS）、经纪商代理人（Associated Person，AP）及其他。

大多数时候——尤其是在股票期权领域，散户经纪商和交易大厅经纪商的角色基本上是自动化的。让我们首先通过考察不同类型的经纪商来讨论涉及"人类处理"的订单表示。然后，我们再看看在电子交易平台上进行交易的典型方式。

经纪商

散户经纪商是指在散户和交易所之间充当中间人的持牌个人或实体。散户经纪商是非会员交易者进入交易所执行期权交易的接入点。它们充当从客户到交易大厅的订单信息的联络者。散户经纪商可以招揽客户，并就进入和退出交易提供建议。它们按交易收取佣金。

机构经纪商的作用类似于代表个人行事的散户经纪商。但机构经纪商代表较大的组织（即机构）行事。机构经纪商可以代表对冲基金、银行或资管机构。

下一个可能参与客户期权执行进程的经纪商是交易大厅经纪商。在传统的交易大厅中，交易大厅经纪商代表客户与另一名交易者进行交易。交易大厅经纪商拥有在交易所直接执行交易的特权。

把订单提交到交易池

订单到达交易所后，可以通过电子方式或公开喊价方式执行。公开喊价是以往长期使用的系统，在传统交易大厅内，交易者通过口头表达报出买价和卖价，完成交易。如果订单被发送到电子交易所，人工经纪商将被绕过，订单由交易所的自动订单系统处理。我们先来看看公开喊价。

如果订单是以公开喊价的方式执行的，它将被传达给场内电话经纪助理或直接传给场内经纪商。如果散户经纪商将订单发送给场内电话经纪助理，该场内经纪助理将创建订单票据并将订单传递给场内经纪商，方式有三种：①将书面或打印的订单票据交给驳脚经纪以交付给经纪人；②通过手势将订单"闪存"给经纪人；③将信息以电子方式发送给经纪人。在现代交易大厅，驳脚经纪大多已经被淘汰，取而代之的是其他更快、更高效的方式。更快的执行速度确保客户订单有更好的机会以预期的价格得到执行。

场内经纪商有不同类型。一些场内经纪商出现在一个交易池里——每天都是同一个交易池，为在那个交易池交易的期权类别执行订单。另一些场内经纪商，俗称"浮动经纪商"，在交易大厅内的许多个交易池下单。浮动经纪商之所以被称为浮动经纪商，是因为它们从一个交易池"浮动"到另一个交易池。一些交易所——主要是证券期权交易所——设有专家（芝加哥期权交易所对应的专家被称为指定一级做市商，简称DPM），专家和DPM既是做市商，也是经纪商。

订单执行

一旦场内经纪商（或专家和DPM）收到订单，他就会口头向市场报价。例如，假设一个散户想要以2.30美元的价格购买5份IBM 3月到期、执行价格为120美元的看涨期权。经纪商会用清晰、响亮的声音喊道（这样每个人都能听到）："IBM，3月120看涨期权。"或者，"IBM，3月120，有没有？"请注意，经纪商没有报出客户愿意进行交易的价格、合约数量或订单是买入还是卖出。经纪商代表客户下订单的最好方式就是不露出底牌。

交易池内的其他交易员——做市商和其他经纪商——可能会对报价请求做出回应。经纪商与做市商进行交易比与其他经纪商进行交易更为常见。经纪商只有在拥有可以执行的其他客户订单的情况下才进行交易。做市商通常愿意与市场的任何一方（买入或卖出）进行交易。

作为对报价请求的回应，做市商报出它们愿意购买的最高价格（它们的买价）和它们愿意卖出的最低价格（它们的卖价），这个过程就是做市商做市。通常情况下，做市商的交易频率很高，一天可进行多次交易，而且成交量往往很大。简单地说，做市商希望从买卖价差中获利，即买入买价，卖出卖价，捕捉其间的小额利润。买入买价和卖出卖价的过程创造了流动性，促进了交易的达成。

与做市商一道，如果经纪商有它们认为可能可以完成的订单，它们可能会做出回应。经纪商的回应要么是买价，要么是卖价，要么两者兼而有之，要么不出价，这取决于它们手上有什么其他指令。做市商通常给出一个由买价和卖价组成的双边报价，首先报出买价，然后报出卖价。

对于经纪商报出的"IBM，3 月 120 看涨期权"，交易池内的交易员各有各的反应。经纪商可能会得到许多回复（取决于交易池内交易该期权类别的交易员数量），他必须仔细注意这些反馈。例如，一位经纪商可能在 2.10 美元的价格上有其他的买入单，这位经纪商会回应"2.10 美元买入"。另一位经纪商可能有订单要卖出，他可能会说"在 2.35"（请注意，"在"这个字意味着这是一个要卖出的订单）。

做市商都在相互竞争，它们倾向于——有时也是必需的——提供一个狭窄的双边报价。如果做市商不做交易，它们就无法获利。由于只有最高买价和最低卖价才能进行交易，做市商被鼓励在仍能从交易中获利的同时，提供它们能提供的价差组合最小的报价。

做市商是它们交易的期权类别的估值专家，它们知道市场合理的价格在哪里。一群做市商大多会以大致相同的报价做出回应。一名做市商可能会回答"2.25，2.35"。与此同时，另一名做市商可能会喊出"2.20，在2.30"。一旦确定了最佳买价或最佳卖价，交易池内的交易员要么按此价格成交，要么报出更好的价格。低于现有最佳报价的报价已不重要了，因为它们不会被成交；高于最佳卖价的报价也同样。

经纪商仔细倾听市场，确定最高买价和最低卖价。此外，他必须记住报出最高买价和最低卖价的顺序。虽然这项工作听起来很简单，但它需要经纪商的专注力、技巧和实践。

想象一下，在为30个6岁的孩子举办一个派对时，你问每个人都想要什么口味的冰激凌。这个问题一下子激起了30个孩子的同时回答。现在想象一下，你要确保做到所有孩子的命令都听准确了，并且还能按照他们的反应顺序为他们提供服务。这就是类似作为场内经纪商的工作。

对经纪商请求进行回应的顺序尤其重要，因为如果有两个或两个以上的反馈都是最高报价或最低报价，许多交易所允许最先报价的交易员根据自己的意愿成交尽可能多的合约。如果经纪商在谁最先报价的问题上搞错了，被剥夺权利的交易员可能不会对此表现得很友好。

在本例中，一旦交易池对经纪商做出响应，就会有两种可能的结果：要么来自交易池的最佳报价与经纪商的报价匹配，达成交易；要么最佳报价高于经纪商的报价，最终没能成交。当买价与卖价相匹配时，就会成交，也就是说，有人想买的价格要与其他人想卖的价格相同。

回想一下，本例中的经纪商报出的是 5 份合约买价 2.30 美元。如果做市商口头上报出了 2.30（就是"在 2.30"），经纪商会看着做市商的交易员说："我要买 5 份。"然后通过手势表示他正在买入 5 份合约。在这一时点上，交易就这样完成了。

如果最好的出价高于买价，比方说 2.35，交易就不会达成——暂时不会。经纪商将宣布报价，使订单生效或公开。在订单不可做市（即不能立即执行）的情况下，经纪商会对交易池说"2.30 的买价买 5 份"，或者简单地说"2.30 买 5 份"（在买入时，价格在数量前报出；在卖出时，数量在价格前报出）。此时，订单是持续有效的，并且可以在交易者想要以该价格卖出的任何时间执行。

在订单被执行之前，它是作为市场一部分的待执行订单，是一种公共信息。假设交易池的最佳出价低于经纪商的出价，经纪商的出价将成为市场买价。如果当前的市场价格是"2.25，在 2.35"，那么经纪商宣布"2.30 买 5 份"后，新宣布的买价将使市场价格变为"2.30，在 2.35"。

竞争中的做市商都在盯着待执行订单。它们都想第一个"扭转市场"，交易订单并击败竞争对手。但就价值而言，它们需要等待，直到订单值得交易。具体来说，每个做市商都会观察标的资产价格，等待它移动到一个使待执行期权订单能够创造价值的价格，以使其具有交易吸引力。

对于像例子中这样待执行的 IBM 看涨期权买入报价，交易员会盯着标的资产，等待它价格下跌。标的资产的价格较低时，就看涨期权价值相对于标的资产而言，待执行看涨期权报价就更具吸引力。由于做市商需要购买标的资产以对冲看涨期权空头，因此与固定的看涨期权买价相比，当标的资产买入价格相对较低时，做市商就会创造出更大的相对价值。

交易员将等到标的资产价格达到使交易变得有吸引力的水平。具体地说，在这个例子中，他们将等到能够将看涨期权以高于其定价模型产生的理论价值卖出为止。当标的资产价格跌到合适的位置时，一个交易者（可能不止一个）会向代表执行订单的经纪商的方向大喊"卖出"，并进行眼神交流。在这一时点上，这笔交易将通过简单的口头确认完成。

顺便说一句，在一些交易所，无论交易者是买入还是卖出，卖出这个词总是用来指完成交易。在另一些交易所，买入用于交易员买入，而卖出则专用于交易员卖出。

通知清算公司

交易达成后，交易双方（买方和卖方）必须将交易信息与交易对手信息一起发送给各自的清算公司。这要么以电子方式完成，要么写在交易卡上，交给清算公司，并手动输入公司的系统。

清算公司需要知道以下信息：

▶ 买入还是卖出。

▶ 数量。

▶ 期权权利金。

▶ 哪一种期权（类别、月份、执行价格、看涨期权或看跌期权）。

▶ 交易时间。

▶ 双方识别缩略语。

▶ 双方清算公司。

一旦交易者提供了交易信息，各自的清算公司就会处理交易并相应地调整账户信息。最后，清算公司间将对交易数据进行相互匹配。两家清算公司将通知中央清算公司各自交易者的买入或卖出交易。

交易出错

交易数据的任何不匹配都会导致交易出错。交易出错可能是由于交易者偶然传递的错误信息，或者交易者之间对交易本身的误解。例如，交易中的每一个交易者可能都认为他在从另一个交易者那里买入（没有人认为自己在卖出）。或者一个交易者可能错误地认为他正在和一个经纪商交易，而事实上这个经纪商正在和他后面的另一个交易者交易。在有数百名交易者的大交易池里，这是一个非常现实的风险。遵循任何交易标准都很容易出错，尤其是在一个公开喊价的活跃交易池。看涨期权与看跌期权弄混、错误的价格、错误的数量以及其他因素都会导致交易出错。

交易出错是一种职业风险。为了完成交易，它需要被纠正，因为这通常导致交易的一方甚至双方的经济损失。如果经纪商向客户报告了一笔交易，那么这笔交易对客户而言是有约束力的。但是，如果经纪商犯了错误，经纪商要对任何不利的交易调整承担财务责任。做市商对于交易出错有它们自己的一些问题。

如果做市商报出了错误的价格，交易了错误的期权，或者输入了任何其他交易相关的错误信息，代价高昂的后果就会接踵而至。例如，想象一个交易员认为他在以 4.00 美元的价格买入 3 月到期、执行价格为 50 美元的看涨期权，而与他交易的经纪商认为他在以 4.00 美元的价格卖出 4 月到期、执行价格为 55 美元的看涨期权。做市商购买这些看涨期权（或任何期权）的理由是，它们的价格低于计算出来的理论价值。4 月到期、执行价格为 55 美元的看涨期权可能有也可能没有理论胜算。事实上，如果做市商是唯一一个出价 4.00 美元买入看涨期权的交易者，它很可能是输家。

对冲也是交易出错的一个潜在问题。回想一下，做市商通常通过建立标的资产头寸来对冲期权交易。如果做市商犯了错误，需要调整交易，对冲头寸就可能是错误的，可能会导致财务损失。

例如，一名做市商认为他以卖价卖出了看涨期权，随后买入了标的股票作为对冲。如果事实证明做市商搞错了，他实际上是在买入看涨期权，那么他就需要纠正自己的错误，改为按卖价买入看涨期权。首先，他会以不利的价格交易，即卖价买入。其次，他也会被误导。

为了修正对冲头寸，他需要通过卖出买入的股票来逆转最初的股票对冲交易，同时他还必须卖出更多的股票来建立正确的对冲。作为对冲，他必须卖出两倍于原始股票的股票——足以逆转最初的交易，也足以对冲修正后的交易。

如果标的股票自初始对冲交易以来已经下跌，交易者将出现负收益（即买价高于卖价），在错误的对冲中出现亏损。出售股票以对冲因纠正卖出交易而新建立的看涨期权多头头寸，将导致交易者以更低、更不利的价格出售。

有时交易需要因出错而被取消。如果一个交易者认为他是交易的一方，但事实上却不是，这个交易者需要"毁掉"这个交易，完全消除它。由于对冲，交易取消也是一种风险。如果一个交易者对冲了需要被取消的交易，他必须平掉对冲头寸，同时祈祷不要产生太大的损失。

电子交易

如今，随着电子经纪商的出现，可以说交易出错的可能性已经很小了。电子交易效率更高，主要是因为交易中的人工操作更少，因此人为错误的空间也更小。此外，由于人工操作越少，信息流动就越快，闪电般的快速执行成为现实。当然，订单执行成本也小得多。

现在，在一些资产类别（如证券期权）中，交易者可以使用在交易所层面以电子方式执行交易的电子经纪商。在撰写本书时，美国有八家证券期权交易所。所有这些交易所都支持电子期权交易。其中许多完全是电子交易，已经没有实体交易大厅了。在电子交易所进行交易的方式与公开喊价的交易方式相同，但速度快得多，效率也高得多。然而，电子交易带来了一些新的复杂性。

过去，证券期权是"单一上市"的，意味着它们只在一家交易所上市。现在，大多数证券期权都是"多地上市"的，即同一期权类别在多家交易所上市。多地上市期权是用相同的合约规格进行标准化的，在它们上市的交易所之间可以相互替换。因此，交易员可以在一家交易所买入期权，然后在另一家交易所卖出，以结清头寸。

与其中任何一家交易所的做市商一样，每家交易所都在与其他交易所竞争。每家交易所都希望客户将订单发送给它。订单将被发送到价格最优的交易所，以确保客户获得尽可能好的订单执行。这不仅使做市商在自己的交易所内与其他做市商竞争，还使一家交易所的所有做市商作为一个集体与其他交易所的做市商集体进行竞争。

在电子交易中，没有散户经纪商或场内经纪商参与其中。散户或机构交易者通过他们的计算机将交易输入他们的线上经纪商的交易平台。

一旦交易被线上经纪商接收到——在不到一秒的时间内，交易就会从经纪商的服务器发送到交易所——这也是在不到一秒的时间内发生的。该指令绕过了人工场内经纪商，直接由交易所的交易员——可能是做市商——执行。交易另一方的交易者收到通知，他从经纪商的客户那里买入或卖出，然后处理这笔新的交易。

由于电子交易的普及，非专业交易者现在也接触到了更多信息。经纪商不再需要从交易池得到市场价格并将其报告给客户——在很多年前，这一过程一度可能需要 10 分钟以上。现在，所有（证券期权）市场价格都很容易为任何能接入互联网的人所知。所有可以交易证券期权的市场都可以通过许多线上渠道（包括在线经纪公司、谷歌（或雅虎）金融、交易所网站，或者其他面向交易者的网站）以一种被称为期权链的形式进行查看。

专业交易者现在可以为他们做市的所有期权自动生成市场价格——可能有数千种。这种自动化不仅有助于非做市商获得更好的市场信息，也极大地便利了做市商。过去，做市商最多可以交易 10 个，或者 20 个期权类别，以维持它们的头寸并更新它们的市场价格。现在，计算机承担了做市商工作中的大部分劳动。做市商不需要为口头回应报价请求而烦恼，它们的市场已经遍布世界各地。

在提高效率的名义下，期权交易行业出现了许多人力资源流失。许多交易大厅的工作人员已经被技术淘汰了。驳脚经纪、电话接线员、交易员助理和场内经纪商正在成为过去。但大多数线上经纪商仍然提供人工服务，在员工中安排有执照的代表与客户进行互动，回答他们的问题，讨论个别交易。

尽管期权行业的许多工作岗位都被取消了，但有一个角色对于促进交易是必不可少的——做市商。尽管做市商的大部分工作已经自动化，但人类决策者仍然必须充当机器的主人。

关于做市商的更多信息

简而言之，没有做市商，期权市场就无法运行。它们是与其他交易者进行交易的主体。当非做市商交易者购买期权时，他们从谁那里购买？通常是做市商。如果没有这类流动性提供者，交易者将不得不等待世界上有人有兴趣从他们那里购买或向他们进行出售。对于一些流动性差的期权，这笔交易可能几个月都不会有人感兴趣。希望以双方都能接受的价格达成交易？不太可能。如果没有做市商，市场买卖价格差将会非常大，以至于对冲或投机期权的好处将会消失，从而使期权市场陷入停滞。

做市商以提高流动性的名义冒险，买卖像烫手山芋一样的订单，并希望能迅速摆脱它们。当它们不能迅速摆脱这些订单的时候呢？它们管理自己的头寸，通过巧妙地对冲头寸来降低风险，并自始至终将风险降至最低。在向世界提供流动性的过程中，做市商可以积累巨大的头寸，这些头寸不适合胆小的人。但似乎具有讽刺意味的是，做市商相当不愿意冒险。它们是厌恶风险的风险管理者，以将风险从它们的期权头寸中买入和卖出为生。

风险与风险厌恶

正如谚语所说，通过交易期权赚100万美元的最简单的方法是什么？

回答：从 200 万美元开始。买卖期权很容易赔钱，真的很容易。因此，做市商是谨慎的——它们必须谨慎。它们的风险厌恶程度往往比我见过的任何散户都要强得多。以它们的成交量，它们不能有任何闪失。这是一个行当，有条不紊地提高效率是成功的关键。汽车制造商不会说："啊，那扇门上十个螺丝钉里面有八九个都是好的，应该能撑得住。"衣匠们也不会说："一条袖子就够了。"同样，从事风险业务的专业期权交易员也不会承担不受控制的风险。

如前所述，做市商用来控制风险的最基本的手段之一是对冲。每笔期权交易都有方向、时间、波动性和利率方面的风险——每一项都是由一个希腊字母衡量的。这就是做市商关注的焦点——尽量降低它们持有头寸的希腊值。它们对冲希腊字母表示的风险。对于大多数交易来说，方向性风险（Delta）是最大的风险。幸运的是，Delta 是最容易被降低的。

做市商通常在完成交易后几秒钟内立即对他们的 Delta 进行对冲。对冲 Delta 最简单的方法是在标的资产中建立抵消性头寸。例如，如果交易员在交易股票期权，他将利用标的股票对冲。同样，交易小麦期权的交易员将利用小麦期货进行对冲。

存在 Delta，无论是正的还是负的，都意味着风险。做市商是风险管理方面的专家，而非挑选价格方向。因此，他们倾向于保持 Delta 中性。Delta 中性是指交易者的 Delta 值为零或接近零。为了获得 Delta 中性，交易员交易与期权交易 Delta 数量一致的相反标的资产抵销头寸。因此，如果做市商进行的期权交易导致多头，比方说 600 个 Delta 多头，交易员将交易 600 个 Delta 标的资产的空头，以使 Delta 值为零。交易员称这是"平的"的 Delta。

Delta 对冲举例

想象一下，一名做市商正在对奈飞股份有限公司（NFLX）的期权以电子方式传输报价，股票交易价格为 175 美元。比方说，有一个 20 份执行价格为 185 美元的看涨期权（在本例中每份具有 0.40 的 Delta 值）订单被发送到交易所，这个订单可以按照做市商的报价成交。做市商执行交易后会立即收到电子通知，他卖出了 20 份看涨期权。

做市商快速计算他刚刚建立的头寸的总 Delta（或者通过他的交易软件自动为他完成），发现他总共有 8.00（0.40 乘以 20 份合约）个 Delta 空头。这相当于 800 股 NFLX 股票的价格方向敏感度。通俗地说，专业股票期权交易者倾向于称之为 800 个 Delta 空头（相对于 8.00，或 "8"），移动小数点来表述 Delta，主要考虑到每份期权合约对应 100 股股票。

再次强调，做市商不承担方向性风险，它必须对冲。它立即买入 800 股 NFLX 股票，创建了一个 Delta 中性交易，消除了直接的方向性风险。例如：

20 份 NFLX 执行价格为 185 美元的看涨期权空头	800 个 Delta 空头
800 股 NFLX 多头	800 个 Delta 多头
头寸净 Delta	0 个 Delta

这位交易员持有的头寸是平的 Delta，但他并没有摆脱所有的风险。他仍然有持有期权所产生的风险，这些风险不能通过交易标的资产来消除。他交易的期权头寸有 Theta、Gamma、Vega 和 Rho 的风险。为了降低风险，交易员有两个选择：要么购买 20 份 NFLX 执行价格为 185 美元的看涨期权（并出售 800 股 NFLX 股票），以平掉整个头寸并抵消

所有风险；要么通过购买 NFLX 期权来构建一个价差组合，以最大限度地减少——但不是完全消除——对剩余希腊值的风险敞口。

更有利的结果是根据交易者的出价买入 20 份合约（并出售股票），以在每份合约上获得少量利润，并消除所有风险。但更有可能的结果是，他将不得不构建一个价差组合。为什么？做市商是市场获取流动性的最后一站。做市商又将从谁那里购买看涨期权？另一个做市商？不太可能。至少不是在订单薄的买价上。做市商在某种程度上受制于客户订单流，必须等到另一名交易者发出卖出指令。为了参与交易，做市商必须确保它也在以电子方式报出最高买价，这样它就会是与自己而不是与它的竞争对手进行交易。

做市商拼命工作，努力降低风险。它们总是在寻找能够分散风险的交易。然而，有时做市商必须在一段时间内持有头寸，特别是对于流动性不佳的产品而言。在消除了方向性风险敞口后，交易员基本上只剩下了一个波动头寸。做市商在 Gamma/Theta 和 Vega 上都存在波动风险。

在压路机前捡硬币

当做市商拥有正 Gamma 时，它们肯定担心价格走势会抵消随之而来的负 Theta。当它们是正的 Theta 时，它们希望 Theta 足以弥补因不利价格波动造成的损失。但在这两种情况下，交易的有利部分所产生的收益都可能被交易的不利部分抵消。

例如，假设基于当前股价 29 美元的一个平值看涨期权空头还有 45 天到期，波动率约为 20，这个看涨期权的 Theta 值约为正的 0.01。这个交易的好处，或潜在的利润来源正是 Theta；坏处或潜在的损失来源是负 Gamma——由标的资产价格变化产生的不利 Delta。

　　Theta 值为 0.01，意味着每股每天损失不到 1 美分，标的为 100 股的期权合约每天只有 1 美元的实际潜在利润。如果交易者持有的头寸是平的 Delta，任何变动都会导致负 Gamma 侵蚀或完全抹去这一微小的利润。交易员必须持有 100 份合约空头，才能每天赚 100 美元——如果一切顺利的话。更有可能的是，总利润只有这个数字的一小部分，而且还是有些时候盈利，有些时候亏损。

　　因此，交易员必须大量交易（非常大量的交易），才能从他们的头寸 Theta 中获利。但是，如果标的资产出现非常大的、意想不到的价格变化——正如纳西姆·尼古拉斯·塔勒布所说的那样，发生了黑天鹅事件，负 Gamma 可能会导致灾难性损失。这就是为什么交易员有时将正 Theta/ 负 Gamma 的交易称为"在压路机前捡硬币"。

　　这种流动性提供者所面临的风险与收益潜在不对等的情况，在负 Gamma 情景下很容易观察到。但对于任何给定的头寸，进行交易的风险似乎与潜在回报不成比例，即使是正 Gamma/ 负 Theta 的交易。如果波动性减弱，没有足够的 Gamma 来弥补，负 Theta 可能会造成严重破坏——特别是在三天的周末假期。隐含波动率的大幅波动也可能是有害的，而维持头寸现状的回报并不大。

　　因此，冷静地对冲、构建价差组合和平仓符合做市商的最佳利益。但由于做市商是最终流动性提供者，它们无法始终控制持仓规模。它们只能努力保持尽可能小的头寸。这些交易者更喜欢从买卖差价中获利，而不是通过它们的头寸获利。做市商的业务是争取赚得五分钱并努力保住它们，而不是交易头寸。

第 7 章

利用对做市商的了解
形成优势：第一部分

迄今为止，我最亲密的朋友是我在交易大厅遇到的人。我们拥有共同的个性和人生经历，这些都是场内交易者所独有的。作为专业交易者，伴随着情绪的起起伏伏，我们一起经历了很多。

但是当我第一次见到这些人的时候，恰恰相反，我们的关系并不好。事实上，一开始我与他们中的许多人有着非常敌对的关系。做做市商竞争激烈，所有站在交易池内的交易者都处于激烈的直接竞争状态中。

友好地竞争

我在福特交易池交易了几个月之后，年底的假期来临了。那时，对于从事交易业务的人来说，每年的 12 月中旬到下旬都是聚会的好时机。许多清算公司会举办奢华的派对，有音乐表演、鱼子酱、顶级饮料，以及对派对细节的惊人把控。有时交易公司会在一个遥远的地方举行聚会，机票、酒店和娱乐都是免费的。在经济繁荣的年代，每年的这个时候都是热火朝天的。

在我作为做市商的第一个 12 月，有一天我们站在交易池里，讨论关于福特交易池的圣诞聚会。这个话题遭到了长期在福特交易池做交易的交易员的嘲笑。交易池内的另一个交易者向我解释了它是如何运作的。

聚会将在圣诞节前的星期五晚上举行。因为交易池内有九名交易员，所以派对将在九个不同的餐厅举行。我们每人选一个地方。我们可以带上我们的妻子，事实上，我们可以带任何我们想带的人。我们各自支付自己和客人的晚餐费用。在接下来的周一，我们会告诉彼此我们的夜晚过得如何以及我们有多开心——在没有彼此参与的情况下。

我们不能和睦相处吗

我们在竞争中会产生友情。我们每天都在一个狭小、封闭的空间里并肩站在一起大约 7 个小时。尽管我们都希望其他人走开，但我们别无选择，只能和睦相处。公平地说，我们处于同样的困境。当一个大订单进入场内买入或卖出时，通常每个人都参与交易，以提供所需的流动性。因此，我们常常都有相似的头寸。如果一个人赔了钱，我们可能都赔了。

因此，我们产生了对彼此的尊重。我们会在休息时间聊天、讲笑话、玩游戏，最终成为一个紧密团结的团体。但潜在的对抗性竞争总是存在的。理论上的胜算只有这么多，我们都想得到尽可能多的份额。

零和博弈与知道为何而战

从全局来看，期权交易不是零和博弈，交易双方可能都是赢家，也可能都是输家，或者一个交易者赢，另一个输。因此，与普遍的看法相反，做市商（即交易的另一方）并没有真正与散户直接竞争。

如果散户或机构交易者交易失败，与其交易的做市商并不一定获得了超额利润。事实上，他可能根本没有赚到钱。然而，当交易所的客户（散户、机构或非做市专业交易者）在交易所执行订单时，他就向市场放弃了定价优势。这是交易中很小但很重要的一部分，市场接受者必须与做市商竞争。这是交易中唯一一个事实上是零和博弈的部分。

做市商的定价优势

做市商的定价优势是买卖价差。市场接受者不能以买价买入，也不能以卖价卖出。因此，对于非做市商来说，每笔交易多少都包含一些损失，至少在理论价值方面是如此。尽管交易者可能是赢家也可能是输家，但非流动性提供者必须以高于他们能够卖出的价格买入。这代表了每笔交易的微小损失，或者说是交易成本。

做市商提供大部分流动性。因此，让渡给市场的定价优势在很大程度上可以通过考虑做市商是如何为期权进行定价以及随后是如何进行交易的来管理。做市商计算期权的理论价值，在理论价值以下买入，在理论价值以上卖出。因此，它们为所谓的"理论的"（做市商的）胜算而交易。

这种统计胜算类似于赌场的胜算。虽然每一次下注都可能是赢家或输家，但在每场游戏的每一次下注上都有微小的统计胜率。以买价买入和以卖价卖出的做市商，同样拥有统计胜算——在做市商术语中称为"理论胜算"。虽然做市商做的每笔交易都可能是赢家或输家，但以买价买入和以卖价卖出为每笔交易提供了定价优势。拥有理论胜算是做市商赚钱的方式。

非流动性提供者可以使用几种交易执行策略来更有效地获得做市商所放弃的定价优势。这些策略利用了有关做市商是如何交易的知识。下面是几种针对各种场景、情况和订单指定的技巧，散户和机构交易者可以用它们来最小化向市场让渡的定价优势。

市价单与限价单

市价单和限价单是两种基本的订单类型。市价单以最佳价格执行。市价买入指令按报出的最佳卖价执行；市价卖出指令按报出的最佳买价执行。限价单只能以规定的限价或优于限价的价格执行。限价买入单必须以限价或低于限价的买入价交易，并且只有当市场报价低到足以执行时才执行；如果市场报价允许，限价卖出单必须以限价或高于限价的卖出价交易。如果限价单无法立即执行，它将作为待执行订单被保留，直到它被执行或被取消，或直到一天的交易结束时到期，以先到者为准。

限价单比市价单更常用，这是有道理的。限价单有一定的安全性，因为你知道你会得到什么。相信阴谋论的散户认为，如果他们发出市价单，经纪商和做市商都有办法改变市场价格，以较差的价格执行交易。然而，正如我可以证明的那样，这是一种不现实的恐惧。

市价单阴谋论

经纪商和做市商都没有办法以不利于客户的方式操纵市场。第一，电子交易背景下，在市价单执行之前，订单甚至不会显示在市场上。当市价单执行时，做市商只是收到一条消息，告诉它们刚刚交易了什么。做市商没有机会改变市场，也没有人工经纪商参与交易执行的过程。第二，在这个竞争环境中，如果一个交易者降低他的买价或提高他的卖价，以试图得到一个更好的交易价格，他的竞争对手会很乐意替代他进行交易。第三，这不是一笔好生意。做市商和经纪商依赖于订单流。做市商需要定价优势，经纪商需要佣金，它们中的任何一个都不想失去客户的信任。

这种阴谋论之所以存在，是因为有时当交易者发出买入或卖出的指令时，市场价格恰好在那一刻对他们不利。在这种情况下，市场订单以比预期更差的价格执行——在某些情况下，非常差的价格。虽然市场不太可能就在交易者发出指令时恰好朝着不利于交易者的方向移动，但有时确实如此。鉴于每天都有成千上万的交易发生，这种情况每天肯定会发生很多次，而且时不时会发生在每个人身上。

在作为发出订单的做市商和散户的漫长生涯中，我已经是数百次这种情况的"受害者"了。同样，在订单发出时，有时市场恰好朝着有利于交易者的方向移动，交易者得到了比预期更好的交易执行。人类思维的方式是，交易者似乎更记得不好的订单执行，而不是好的订单执行。因此，看起来好像是坏的事情发生得更多，而实际上可能不是这样。

克服订单执行中的不利价格风险

鉴于意外的市场价格波动可能导致比预期更糟糕的订单执行风险，

交易者应该使用哪一种订单，市价单还是限价单？一般来说，最好使用限价单，因为市场可能会出现意想不到的不利走势。限价单提供了一定程度的保护，以应对不太可能发生和意想不到的情况。再说一次，使用限价单时，你知道你将会得到什么。

但有时市价单是有意义的。当市场价格变化非常快时，有时交易者需要快速进入或退出仓位，不能错过机会。在这种情况下，市价单可能会更好，原因有两点。首先，市价单的输入速度可能会稍微快一些，因为在这个过程中少了一个步骤——不用输入价格。其次，也是更重要的一点，在快速变化的市场中，有时知道订单会被执行比价格更重要。市价单肯定会被执行。如果市场价格走向相反，限价单可能无法被执行，这将导致交易者错失良机。

实际上，每种订单类型都有自己的保证和警告：

▶ 市价单保证成交，但不保证具体价格。

▶ 限价单保证：如果订单被执行（不保证），它将以限价或更好的价格被执行。

可立即以市价执行的限价单

在某些情况下，聪明的交易者有时会使用一个好的方法：他们报的买价高过市场卖价或报的卖价低于市场买价。当交易者报的买价高于市场卖价时，他们输入的是比当前市场卖价更高的买价；同样，当他们报的卖价低于市场买价时，他们输入的是比当前市场买价更低的卖价。这些限价单是为应对最坏的情况输入的。限价单总是以最佳可用价格交易，因此订单将根据其到达交易所时市场报出的买价或卖价进行交易，即使订单以劣于当前价格的限价成交。

优于市场卖价报买价的举例

想象一下，交易员 Melanie 以 2.00 美元买入的看涨期权现在价格是 6.00 美元，她正享受着可观的利润。她从一家新闻服务机构得到了一个对标的公司不利的消息，这个消息肯定会拖累股价。她注意到，股价很快就开始下跌。看涨期权价格降至 5.50 美元买价，然后迅速跌至 5.00 美元买价。眼看着市场价格下跌，她不想失去所有的利润。在看涨期权仍为 5.00 美元买价的情况下，她以 4.50 美元的价格（低于市场价格）下单卖出。

如果这些看涨期权的买价保持在 5.00 美元，她的 4.50 美元卖价订单将在 5.00 美元的价格上得到执行。如果买价上升，Melanie 的订单将在新的、更好的卖价中得到执行。如果市场继续走低，只要看涨期权保持在 4.50 美元或更高的报价，订单就会以最好的报价执行。在买价高于 4.50 美元的情况下，这一订单本质上是市价单。具体地说，它被称为"可立即以市价执行的限价单"。然而，如果看涨期权的买价低于 4.50 美元，交易将不会被执行，她的订单将保留至当天结束或她取消订单，或直到买价升至 4.50 美元——只有在这种情况下，订单才能得到执行。

警告

在电子交易平台上交易的交易者应该注意，一些平台会警告交易者，如果他报出的买价高于市场卖价或报出的卖价低于市场买价，交易者可能会看到一个弹出窗口，询问他们是否确定要以该价格进行交易。虽然这是一个有用的安全预防措施，但在时间紧急的情况下，它可能会占用宝贵的时间。交易者要为这个潜在的障碍做好准备。

止损单

止损单是一种指令，可以用来平仓以限制损失，保护利润，或者当价格趋势形成或价格出现突破时构建头寸。两个基本的止损指令是（直接）止损单和止损限价单，每种止损单都可以是买入或卖出的。卖出止损单是指当期权以止损价（或更低的价格）交易，或以该价格（或更低的价格）报出卖价时触发的卖出指令。卖出止损单的价格将低于当前市场价格。买入止损单是一种市场买入指令，如果期权以止损价（或更高的价格）交易，或以该价格（或更高的价格）报出买价，就会触发买入指令。买入止损单的价格将高于当前市场价格。

止损限价单的运作方式略有不同。卖出止损限价单是一种卖出限价单，如果期权以止损价格（或更低的价格）交易，或以该价格（或更低的价格）报出卖价，就会触发该限价单。卖出止损限价单，就像直接的止损单一样，其价格低于当前市场价格。同样，买入止损限价单也是一种买入限价单，如果期权以止损价格（或更高的价格）交易，或以该价格（或更高的价格）报出买价，就会触发该限价单。买入止损限价单的价格将高于当前市场价格。

限制损失

在止损单的用途中，最常见的可以说是限制损失。出于这个原因而使用的止损单通常被称为"止损"。止损的前提来自一句交易口头禅，那就是"快速止损，让利润奔跑"。其中的智慧在于，在市场走势不利时承受少量损失，在市场走势有利时让利润持续累积。

一般来说，与止损限价单相比，直接止损单相对较好。如果触发了止损单，它将以最佳价格立即执行。如果触发了止损限价单，它在市场出现逆转之前将不会被执行。这阻碍了交易员的行动，他们希望在市场走势不利时退出交易。

限制损失举例

想象一下，一名交易者以 9.00 美元的价格买入看涨期权。他设定了止损限制，比如在 8.00 美元卖出。现在，关于标的公司的坏消息传出，标的股票开始迅速下跌。看涨期权很快在 8.00 美元上报出卖价，触发了止损限价单。现在，这位交易者在下跌的市场中有一个在 8.00 美元卖出的待执行订单。在看涨期权为 8.00 美元的卖价时，随着市场继续下跌，买价肯定会低于 8.00 美元，甚至可能低得多。只有当市场逆转并开始有所反弹，并以 8.00 美元买价报价时，订单才会得到执行。但矛盾的是，如果股价走高，交易者很可能不希望订单被执行！

有了止损限制，如果标的资产延续其价格趋势，交易者可能会失去平仓的机会。因此，所寻求的保护可能永远不会实现，止损单不能达到其目的。直接止损单则更好。如果交易者使用直接止损单，当看涨期权达到 8.00 美元卖价时，交易就会以最好的买价执行——可能是 7.90 美元，也可能更低。

什么时候使用，什么时候不使用止损单

止损是许多交易圈的普遍方法。例如，股票和期货交易员是止损单的常见用户。这些线性交易工具的性质是，如果市场出现大幅不利波动，它们的交易员可能会损失惨重。看涨期权和看跌期权的买家，尤其是实值或平值期权的买家，同样从止损中受益匪浅，因为这些期权的性质主要是线性的。尽管看涨期权和看跌期权的买家与股票和期货交易者

相比风险有限，但他们仍然有可能损失所投资的百分之百的权利金。聪明的期权交易者通过使用止损单进一步限制本已有限的交易风险。

看涨期权和看跌期权卖家也可以利用止损单来抵消与（裸的）做空期权相关的糟糕的风险回报。收益有限的期权空头交易者没有可以"奔跑"的利润——至少，不会跑得很远。因此，他们当然不希望出现可能"奔跑"的亏损。因此，在许多情况下，裸期权卖家实施止损是一种明智的做法。

但在其他类型的期权交易中，止损可能是一个挑战。特别是，许多类型的价差组合可能是糟糕的止损对象。让我们来看看垂直价差组合止损的实用性。

垂直价差组合与止损

因为在垂直价差组合交易中有两个期权，交易者放弃了两个买卖价差组合的定价优势给市场，也就是说，放弃的定价优势是单腿期权交易的两倍。从潜在的利润损失占比来看，这些价差组合的双重滑点可能是令人感到压抑的。就盈利能力而言，这种损失可能是一大挫折——尤其是对流动性较差的期权类别而言。放弃双边定价优势也会使选择一个合理的止损价格成为挑战——不管交易者用什么方法来设置止损水平。

举例：垂直价差组合与止损

想象一下，交易者 Darin 在一个流动性较差的期权类别上购买了执行价格为 50-55 美元的牛市看涨期权价差组合。每种期权的市场行情如下：

执行价格为 50 美元的看涨期权：4.10—4.30 美元。

执行价格为 55 美元的看涨期权：2.80—3.00 美元。

假设 Darin 以市场报价购买价差组合。他为执行价格为 50 美元的看涨期权支付 4.30 美元，以 2.80 美元的价格卖出执行价格为 55 美元的看涨期权，净支出 1.50 美元。该价差组合的 Delta 值约为 30。

想象一下，Darin 在这种价差组合上像在股票上一样使用止损。他设定止损点，保守地以低于价差组合买入价约 7% 的价格卖出。这位交易员可能不会对结果感到满意。

比 1.50 美元的买入价低 7% 的价格大约是 1.40 美元——只少了 10 美分。如果标的股票价格略有下跌（假如对于有 30 个 Delta 的价差组合而言，下跌略高于 30 美分），价差组合将以 1.40 美元的价格报出卖价，触发止损。或者，如果在市场中接到了其中一个期权的订单（卖出执行价格为 50 美元的看涨期权或买入执行价格为 55 美元的看涨期权），止损也可能立即被触发。

如果止损被触发，价差组合将在 1.10 美元的市场报价上出售。这比价差组合的买入价低了约 27%。远低于原本希望的在低于买入价 7% 的位置上止损的水平！毫无疑问，止损被触发是标的股票价格走低的结果，价差组合的买价和卖价都会走低。这意味着这笔交易的执行价可能还会低于 1.10 美元。与股票价格的小百分比变动相比，价差组合将有巨大的、不成比例的损失。这里，与股票价格 30 美分的变动相比，期权上 40 美分的变动（最好的情况下）是一个相对不成比例的名义损失。

垂直价差组合是低 Delta（即低杠杆）期权交易。然而，当使用止损时，损失可能会被高度杠杆化。这违反了使用止损的基本前提。止损带来的较大的杠杆性损失可能会使其在垂直价差组合中的使用不切实际。

为了在价差组合上使用止损，交易者必须给出更大百分比的让步，甚至在考虑买卖价差组合之前就要考虑这一点，以避免过早触发止损。

设置低于买入价 35%～50% 的止损水平会给止损留下足够的空间使其不被提前触发，而且只有当市场买卖价差较小、流动性较强，在止损被触发后，买卖价差几乎没有滑点出现时，这种情况才能实现。

根据支撑位和阻力位设定价差组合止损目标

和固定百分比止损一样，交易者也经常使用支撑位和阻力位来设置止损水平。因为期权价格源于它们的标的资产价格，交易者在他们的价差组合止损上要确定两个止损水平。他们不仅需要确定标的资产价格的止损水平，还需要根据标的资产的潜在价格变动来估计价差组合的止损水平。

许多在线经纪平台通过提供应急订单使这项任务变得不那么复杂。如果标的资产以某一价格交易，交易者可以输入卖出期权价差组合的指令。（注意：这是订单，并不是止损单；然而，实际上它的作用与止损单相同，因此必须在这里讨论。）对于想要使用标的资产价格的支撑位和阻力位来设置期权止损目标的交易者来说，这是有益的自动化。然而，这种技术比最初看起来的样子更复杂。

首先，除了标的资产价格，还有其他因素影响期权（或期权价差组合）的价值。交易者还需要考虑时间和波动性的变化。对于设定应急订单交易来说，这项工作可能会变得复杂。交易者仍然需要考虑三个期权定价指标（Delta、Theta 和 Vega）的影响，来估计价差组合的交易价格。即使对于最好的交易者，这仍然是一门不精确的科学。

止损目标举例

例如，假设交易者 Paul 持有以下看涨期权价差组合，他希望在标的股票跌至 50.35 美元的技术支撑位时，输入应急订单以平仓看涨期权价差组合：

执行价格为 50~55 美元的看涨期权价差组合。

买入价：1.50 美元。

Delta 值：0.30。

Theta 值：0.02。

Vega 值：0.04。

在这个例子中，我们假设这个期权类别的市场买卖价差很小，流动性较强，这使得提前退出更加实际。

如果该股票目前的交易价格为 52 美元，那么该股票价格必须下跌 1.65 美元才能到达 50.35 美元的支撑位。如果股票价格真的到达了那个水平，30 个 Delta 的价差将会损失大约 0.50（30 个 Delta 乘以 1.65）美元。如果仅仅基于 Delta 判断，Paul 会在 1.00 美元的价格上卖出价差组合，比他买入的价格低 50 美分，在标的资产价格到达支撑位时退出价差组合。

如果这种价格变化发生在五天内，Paul 也必须考虑这五天的 Theta 值。当 Theta 值为 0.02 时，如果股票价格有相同的变动，价差组合会便宜 10 美分。这意味着，如果 Paul 使用相同的标的资产价格支撑位，他会将退出价设置为 0.90 美元。

交易员还需要尝试预测标的资产价格变化导致的隐含波动率变化。股价下跌，人们会预期波动性将上升，反之亦然，但会上升多少呢？如果真的发生了股价下跌，波动性的上升幅度将因个股和市场情况而异。交易者很难将基于标的资产价格变动的波动性变化估计纳入退出价格的设定（止损或其他）。

在这个例子中，触发卖单的股票价格反向移动是股票价格下跌。因此，Paul 需要按照波动性上升的预期进行调整。标的股票价格将朝着

Paul 价差组合中多头看涨期权的执行价格方向移动，因此 Vega 正值可能会变得更大，为价差组合贡献更多的价值（来自 Vega）。如果隐含波动率上升 3 个点，股价下跌到支撑位，Paul 预计价差组合价值将增加 0.15（即隐含波动率的 3 个点乘以估计的 0.05 的 Vega 值）美元。如果今天发生变动，他估计止损价格（仅基于 Delta 和 Vega）应该设置为 1.15 美元。如果变动发生在五天内，他的止损价格（基于 Delta、Theta 和 Vega）将是1.05 美元。

可以看出，根据标的资产价格的变动来估计期权价格是很困难的。交易者可能会估计错误，导致限价单或止损单无法被触发。由于止损单在垂直价差组合下几乎没有用处，应急订单也好不到哪里去，有时更好的选择是纯粹地进行交易计划和管理，而不是试图通过提前退出来减少损失。

影响止损决策的垂直价差组合的细微差别

典型的垂直价差组合具有相对较小的 Delta 值。对于接近平值或虚值的价差组合而言，典型的 Delta 值可能在 0.15～0.35。因此，标的资产价格需要大幅变动——标的资产价格变动与期权价格变动比在 6：1 和3：1 之间——才能使价差组合价值发生小幅变化。

这种细微差别既影响交易者选择交易，也影响他们管理交易。交易者根据对标的资产的预期来交易价差组合。因为垂直差价——无论是贷记价差组合还是借记价差组合——都是有限风险和有限回报的交易，垂直价差组合的交易者通常不期望标的资产有很大的价格变动。期权头寸将在标的资产处于一个固定的价格范围内时获利或亏损，任何进一步的标的资产价格变化都不再给期权头寸带来收益或损失。具体来说，对于典型的借记价差组合（开始时是接近平值期权或虚值期权）而言，交易者预计标的资产价格会朝着价差组合中空头期权的执行价格移动；对于典型的贷记价差（开始时是接近平值期权或虚值期权）而言，交易者预计标的资产价格不会超过价差组合中空头期权的执行价格而走向亏损；或者他们会预计它将远离价差组合中空头期权的执行价格，进入最大利润领域。

如果交易者预计标的资产出现大幅价格波动，他们可能会选择其他策略，而不是垂直价差组合。如果交易已经执行，并且标的资产有重大价格变动，交易者的初始预期可能会改变，因为情况变得与交易者最初所想的不同。不过，价差组合的价格变化只是标的资产价格变动的一小部分。

垂直价差组合的时间因素

交易者也需要考虑时机。对于垂直价差组合而言，时间因素与价格方向的影响交织在一起。对于借记差价而言，如果标的资产在到期时以价差组合中空头期权的执行价格或更好的价格（也就是说，对于看涨期权价差组合价格更高，对于看跌期权价差组合价格更低的价格）交易，赚取的利润最大。但如果这一标的资产价格在到期前就出现了，那么交易者只能获得最大利润的一小部分。在短期内，收益主要通过 Delta 获得。然后，交易者必须等待 Theta 产生剩余的利润，以获得最大收益。贷记价差组合也可能出现类似的情况。如果标的资产价格向 Delta 方向移动，收益会很小，但仍能通过 Theta 获得收益。

如果价格走势不利于垂直价差组合，同样的逻辑也适用。如果标的资产价格变动对垂直价差组合的收益产生不利影响，损失将产生。但这些 Delta 损失只是最大可能损失的一小部分。时间会造成剩余的损失。无论是借记价差组合还是贷记价差组合，当标的资产价格接近价差组合中多头期权的执行价格时，它都会受到时间衰减的影响。如果标的资产价格接近价差组合中多头期权的执行价格，价差组合将为负 Theta。负 Theta 将导致增量（每日）时间衰减损失。

止损只能用于避免因价格方向变动而产生的损失，即 Delta 损失。因此，时间因素使得垂直价差组合的止损比直接买卖期权等其他更偏重于 Delta 的交易更不实际。对于垂直价差组合，当发生重大意外标的资产价格变动时，这种价格变动发生的时间对交易者处理潜在损失的方式至关重要。止损或应急指令无法解决时间问题。在线性交易中常见的止损等简单的工具，对于期权价差组合等受多因素影响的交易工具来说，并没有很好的应用场景。

止损限价单与垂直价差组合

与直觉相悖的是，对于垂直价差组合而言，止损限价单在减少损失方面可能略优于直接止损，尽管它们仍然不够理想。特别是在非流动性期权中，当触发直接止损时，交易者放弃明显的滑点，这一事实阻碍了投资者对直接止损的使用——尤其是考虑到进一步的不利走势只会略微增加额外损失。因为交易者必须等待，时间会增加或消除损失，在某些情况下，使用止损限价单而不是直接止损来"处理订单"会更好。

在使用止损限价单的情况下，当止损被触发时，待执行订单被发出，该订单不会立即交易。这对于流动性差的价差组合有一些好处。首先，即使市场价格反弹，买价也可能与卖价相差很远，不会立即执行止损限价单。如果交易者希望的话，这通常会给他一些灵活性，以取消订单。此外，一旦止损被触发，止损限价单就是市场上可以观察到的待执行订单。其他交易者可能会看到订单，并作为另一方进行交易。在这种情况下，交易者从市场接受者变成做市商，有机会以正的理论胜算执行交易。

交易垂直价差组合时止损的替代方案

在期初较好地构建垂直价差组合交易可以替代止损。与单纯合约随着时间推移价格小幅波动相比，垂直价差组合可能具有潜在的有利杠杆效应。也就是说，它们的权利金相对较低，但可能会产生更高的回报。

例如，比较以下两个交易：

单纯合约	借记价差组合
以 4.00 美元买入执行价格为 50 美元的看涨期权	以 2.00 美元买入执行价格为 50-55 美元的看涨期权价差组合

假设将交易持有至到期，并且是盈利的。如果到期时标的资产的交易价格为 55 美元，那么持有执行价格为 50 美元的看涨期权的收益为 1.00（即 5.00 美元的内在价值减去 4.00 美元的权利金）美元。但看涨期权价差组合的收益为 3.00（内在价值的 5.00 美元减去支付的 2.00 美元的权利金）美元。因此，交易者应该将交易中节省的权利金视为一种内置的止损机制。与单纯合约相比，垂直价差组合允许利润增长得更多（不过，只有当标的资产价格接近价差组合中空头期权的执行价格时），损失出现得更慢（时间因素）、更少。

尽管如此，对于交易者来说，损失最大并不是期望的好结果。在到期前，垂直价差组合的 Theta 充当其自身的内置止损。请记住，在标的资产不利价格变化中，价差组合将遭受一些 Delta 损失，但 Theta 将确定损失是会继续还是会随着时间的推移而逐渐消失——这取决于标的资产价格与价差组合中空头期权或多头期权的执行价格的接近程度。这种亏损在时间上的暂停为交易者提供了一个机会，要么在不遭受最大损失的情况下提前结束交易，要么等待，期待 Theta 收益抵消 Delta 损失。

其他不能从止损中获益的价差组合

涉及多种期权的其他类型价差组合也需要制订止损计划。与其他以期权为中心的风险相比，跨式价差组合多头、宽跨式价差组合多头和时间价差组合都稀释了 Delta 的影响。因此，止损策略也不适合它们。其他涉及三个或更多不同期权的交易，由于放弃了太多买卖差价，也不允许使用止损。铁鹰式、蝶式和复杂的时间价差组合——使用三条腿或更多腿产生收益的交易——有太多的滑点和太多的非以期权为中心的风险，也使止损无用。

第 8 章

利用对做市商的了解形成优势：第二部分

依靠和如果即将成交则取消订单

发送到交易所的许多限价指令并不能立即执行。它们保持待执行状态，如果市场发生变化，它们可能会在以后被交易。这一现象对做市商的日常角色非常重要。做市商"依赖"这些指令，等待它们拥有理论上的胜算再进行交易。做市商就是这么做的。优秀、有经验的做市商会记住所有的待执行订单，这样他们就可以在竞争之前扣动扳机。

做市商与他们所依靠的

当交易池内交易缓慢时，我们会聊天来打发时间。我可以无数次地回忆起，当不知从哪里冒出来的一个交易员正在讲故事，或者有人正在听故事时，他们会被突然出现的大喊声打断："你的 5 月 40 美元的看涨期权卖了两块半！"然后，没有什么停顿，故事继续，就像什么都没有发生过一样。

即使是在交易缓慢的时候，交易大厅里最重要的事情也还是交易。交易员会不断打断一切正在发生的事情，以交易他们所依靠的、值得交易的待执行订单。一心多用。在大多数圈子里，这种行为会被认为是不礼貌的。但在交易大厅，情况就是这样。在交易、交谈或阅读报纸时，交易员总是像老虎一样等待机会发动突袭。

假设的"选中"

一旦散户（或机构）的订单被执行，他们就会从经纪商那里得到确认——通过在线交易，这可能在一瞬间发生。当然，成交是下订单的目的。但有时交易者在他们的待执行订单被成交时并不高兴。有时交易者觉得当市场变化时，他们被做市商"选中"了。当标的资产价格移动到做市商愿意执行订单的位置，并且在订单执行后继续保持这种趋势时，通常会出现这种情况。

例如，看涨期权的价格是 4.20 美元买价，4.30 美元卖价。一个在 2.00 美元做多看涨期权的交易者发出一个卖出单以获利，报出 4.50 美元的卖价，他认为标的资产价格将在看涨期权价值 4.50 美元的时候遇到上升阻力。交易者离开了他的电脑。市场开始走高，看涨期权的买价涨到了 4.30 美元，然后是 4.40 美元，最后是 4.50 美元，交易完成。

想象一下，交易者回来后发现交易确认了。他看了看看涨期权市场，发现现在是 5.50 美元的买价！这是让买家（或在这种情况下，卖家）后悔的时候。有时候交易者觉得自己被"选中"了。

如果即将成交则取消订单

有时，当交易者看着市场价格朝着对他们的待执行订单有利的方向变化时，他们可能会感到不安，认为上面描述的情景可能会发生，可怕的"选中"将发生在他们身上，导致他们错失更多的利润。反复无常的交易者会在市场价格接近他们的限价时取消订单，以避免获得不太完美的交易（即没有在绝对顶部卖出或在绝对底部买入）。优柔寡断的交易者取消即将成交订单的现象是如此普遍，以至于专业交易者创造了一个俗语"如果即将成交则取消订单"来描述如果有机会成交就很可能被取消的订单。

如果即将成交则取消订单的问题是，市场迟早会触顶（或触底）并出现走势反转。如果交易者在机会出现时没有抓住，他们可能会错过机会，潜在的赢家就变成了输家。如果让订单成交是被"选中"，交易者应该希望被"选中"。订单被成交是一件好事。

交易者需要果断行事。反复无常不是作为交易者的好品质。选择一个价格，并保持坚定，无论是好是坏。在我漫长的职业生涯中，我只记得少数几次在当天的低点买入或在当天的高点卖出。这并不经常发生，而且也没有必要追求。这是一种很业余的表现。冒着错失 1 美元的风险去赚 5 美分并不是一个好模式。在这种游戏中，相对于回报来说，风险太大了。

完全成交或取消订单与即时成交或取消订单

此外，如果交易者真的担心被"选中"，他们可以向做市商施压，迫使其做出决定。交易者可以使用两种订单类型：完全成交或取消订单（FOK）和即时成交或取消订单（IOC）。完全成交或取消订单要么立即全部执行（即成交）要么取消。即时成交或取消订单要立即部分或全部成交，否则就会被取消。这些类型的订单主要由专业交易者使用，但散户也可以通过电子方式使用（如果零售经纪商允许的话），或者通过打电话给交易部门，让代表把订单送到交易所。

对于这些订单，如果做市商考虑进行交易，他们就必须立即进行，否则就可能失去机会。在这种情况下，形势发生了逆转。做市商因担心错失良机而必须根据市场情况做出反应，而不是让市场接受者承担失去机会的风险。这一策略并不能阻止市场在交易完成后产生更好的价格。但从心理上讲，它让交易者放心，他们不会被"选中"，它给交易者提供了一定程度的控制权，并确保做市商不会犹犹豫豫地看看他们是否能以相对于标的资产更好的价格进行交易。

市场中间价策略

一种常见的（有时是有益的）交易策略是"市场中间价策略"。当交易者在买价和卖价之间输入限价指令时，输入的限价就是市场中间价。例如，如果市场的买价是 2.50 美元，卖价是 2.65 美元，交易者可以在买价和卖价之间，以 2.55 美元卖出。

市场中间价策略的目的很简单：向市场让渡一些定价优势。这是一个非常实用和重要的策略，可能会对年底的总盈亏产生巨大的影响。5 美分也能积少成多。

市场中间价策略的成本效益分析

事实上，控制买卖成本可能比降低佣金成本要有利得多，但后者反而是许多交易者关注的焦点。我经常与交易者交谈，他们通常希望能在每份合约上稍稍节省一些佣金。例如，一名交易者当前为每份合约支付

90 美分的佣金，他可能会乐意放弃当前的经纪商，转投其他每份合约只用支付 85 美分佣金的经纪商。值得吗？当然。但是，这与定期执行市场中间价策略的成本效益相比如何？

假如这位交易者可以在一年内为 10 000 份合约每份节省 5 美分的佣金，他就一共可以节省 500 美元。但如果交易者能够在其所有交易中的一小部分成功地执行市场中间价策略，他就可以节省很多钱。想象一下，一名交易者有时能在市场中执行市场中间价策略，以高于买价 5 美分的价格卖出，或者以低于卖价 5 美分的价格买入。其他时候，他只需在订单执行时得到 1 美分或 2 美分的优势。甚至有时，他只需在买价上卖出，或在卖价上买入，而不实施市场中间价策略。随着时间的推移，综合这三种交易结果，交易者通过有时以市场中间价策略执行订单，平均下来每笔交易就能节省 1 美分。每份权益类期权合约的 1 美分对应实际上的 1 美元。这意味着在 10 000 份合约上平均下来节省的每份 1 美分将为交易者节省 10 000 美元。在相同数量的合约中，每份合约佣金降低 5 美分，即总共节省 500 美元与之相比相形见绌。尽管较低的佣金（假设有可比的经纪服务）总是有帮助的，但有利价格滑点的好处远远超过较低佣金的好处。

但市场中间价策略并不总是奏效的。事实上，如果做得不对，可能会适得其反。一个考虑不周的市场中间价策略有时会让交易成本比正常市场交易成本高得多。

开设店铺

将买价或卖价视为广告，就像在杂货店橱窗上的牌子上写着的"波特豪斯牛排，6.99 美元/磅一样"。这是这家商店的报价。如果你想在这里买牛排，那这就是你要付的钱。当然，如果优惠吸引力足够，顾客会走进商店购买。这就像交易者在执行市场中间价策略时所做的那样，他们发布更好价格的广告，以吸引其他交易者从他们那里买入，或者卖给他们，视情况而定。

这就是散户、机构或专业的自营交易市场中间商正在做的事情：他们开设店铺，提供比竞争对手更好的价格。在使用市场中间价策略的时候，交易者实际上是在做市（单边），以改善价格的形式提供流动性，在那个时刻，交易者有点像做市商。

市场中间价策略的风险

使用市场中间价策略的风险是，市场价格可能会远离限价，交易者只能放弃在该价格交易的机会。例如，某个看涨期权的市场价格为买价 5.00 美元，卖价 5.20 美元。一名交易员希望以比当前报价低 10 美分的价格买到——每份交易的合约节省 10 美元，于是他报出 5.10 美元的买价（市场价格现在变为买价 5.10 美元，卖价 5.20 美元）。交易员报出买价后不久，标的股票价格就上涨了。因此，看涨期权市场价格上涨为买价 5.10 美元，卖价 5.30 美元。

这里发生了什么？当交易员报出 5.10 美元的买价时，她放弃了以 5.20 美元的价格买入的机会。事实上，她可能完全错过了支付 5.20 美元价格的机会。如果她现在想确保交易被执行，她必须支付 5.30 美元（而且要快，在市场再次上涨之前）。或者，她可以再次抓住机会，通过使用市场中间价策略来获得更好的交易。

假设交易员将买价提高到 5.20 美元，再次达到市场中间价。现在，这位交易员正冒着成交概率越来越小的风险。如果做市商以前不想以市场中间价交易，他们现在可能仍然不想按市场中间价进行交易。请记住，做市商交易的是理论胜算并利用标的资产进行对冲，现在标的资产价格正与看涨期权价格一起上涨。由于做市商在卖出看涨期权，他们将不得不买入标的股票来对冲。随着股价的上涨，5.20 美元的买价并不比 5.10 美元的买价更具吸引力，因为他们可以同时以更低的价格购买股票，Delta 值也验证了这一点。

现在想象一下，市场价格继续上涨（作为标的股票价格上涨的结果），市场价格变为买价 5.20 美元，卖价 5.40 美元。交易员可以再次将买价提高到市场中间价——冒着错失以 5.40 美元的价格成交的机会的风险。或者，她可以以 5.40 美元的价格完成交易——比一开始高出 20 美分！事后看来，本例中的交易员不应该试图执行市场中间价策略，而是应该从一开始就支付 5.20 美元的卖价。

做市商将这些受挫的市场中间价策略执行者称为"追逐者"。随着市场价格变化，这些过于雄心勃勃的交易员错失了机会。然后他们追逐买价或卖价，眼睁睁地看着他们可以执行的价格每一次都在变得更糟。

必须避免追逐市场。实现这一目标的一部分取决于果断，另一部分归结为默会诀窍（Know-How）。交易员必须知道令他们满意的执行交易的价格，并确保他们不会错过。如果交易员想要避免成为"追逐者"，他们还必须尝试只在最有利于中间价的期权上执行市场中间价策略。他们必须以这样一种方式输入订单，即在做市商和市场接受者之间达成友好的协议。交易员必须有效地与做市商"达成交易"，为他们提供较小的理论利润，以实现更安全的交易。

做市商、风险与补偿

期权市场是一个风险转移市场。做市商承担了来自公众的风险，因此必须得到补偿。做市商接受的风险越大，在理论上他就必须得到越多的"回报"。简而言之，这就是做市业务的本质。

考虑一下做市商面临的风险最高的交易之一：基于一只波动性大、流动性差的股票的深度实值期权。粗略地看一看期权链，就可以从做市商的角度出发推断这类期权的风险有多大。这些市场的价差比其他市场的范围更大，这意味着它们是具有更大风险的市场。为什么它们对于流动性提供者来说风险更大？ Delta 与波动性可以对此进行解释。

Delta 是做市商进行交易面临的最大直接风险。如果市场价格在做市商完成交易后、未能对冲之前出现的对做市商不利的走势，做市商将蒙受巨大损失。即使进行了对冲，出现亏损，甚至是巨额亏损，仍然是可能的。但源自非 Delta 风险的潜在损失比源自 Delta 风险的要小得多。

举例

想象一下，一名交易员基于一只波动较大的股票进行了如下交易，并有以下相应的希腊值，这只股票的日收盘价净价变动通常为 2 美元至 4 美元：

	Delta	Theta	Vega
买入 100 份 80-Delta 看跌期权	8000 个空头	每天 –200 美元	500 美元多头

当然，交易员首先要购买 8000 股标的股票，以实现 Delta 中性。这是一只波动较大的股票，它的价格很容易波动到足以迅速造成灾难性交易的地步。它的价格只要上涨 1 美元，交易员就会损失 8000 美元。即使股票价格只上涨了 25 美分，交易员也会损失 2000 美元。（请注意，

如果股票价格下跌，交易员将受益。然而，专业交易者会将不确定性和潜在损失降至最低，他们不会冒不必要的风险。这 8000 个 Delta 空头代表了一种具有威胁性的风险，必须迅速处理，以减少潜在的损失。）

一旦交易员买入股票进行对冲，头寸就只包含波动性风险。这种波动性风险需要被监控和管理。这只股票每天的价格波动必须足够大，才能产生足够的利润（来自 Gamma），以覆盖每天 200 美元的 Theta 损失。同时，隐含波动率的变化必须保持在很小的水平。具体地说，交易员可能会担心隐含波动率下降。

与初始的（预先对冲的）Delta 风险相比，这里的波动性风险较小。大概 10 天的最大 Theta 损失（这将需要假设股价波动缓慢停止）才相当于股价仅上涨 25 美分所造成的 Delta 损失。而且，只有隐含波动率下降 4 个百分点，才会出现同样的损失。

由于存在 Delta 风险，深度实值期权、流动性较差的期权和基于波动较大股票的期权的市场价差应该更宽。再次强调，做市商需要因更大的风险而得到补偿。如果所有期权的市场价差都是相同的，不考虑 Delta 风险，做市商将只愿意交易 Delta 风险较小的期权。这将适用我们的策略。

市场中间价策略适用市场

试图在深度实值期权市场上尝试执行市场中间价策略没有多大意义。流动性提供者很可能不会放弃他们的风险补偿定价优势来交易订单，市场接受者最终很有可能成为市场追逐者，因为期权价格的走势将与标的股票价格更加同步。从逻辑上讲，基于小波动股票的、较小 Delta 值的期权市场价差较小，似乎是很好的市场中间价策略执行市场。

然而，由于它们的 Delta 风险较小，它们的市场价差通常非常小，买卖价差通常在一个最小变动价位上。例如，在撰写本书时，迪士尼公司（DIS）的平值期权或虚值期权只有 1～2 美分的买卖价差——这些市场都是很难执行市场中间价策略的。

但期权价差组合又是另外一回事，由于期权价差组合由两个期权组成，它们有两个买卖价差。就像之前讨论的那样，这意味着交易者放弃了双边的理论定价优势。然而，期权价差组合——具体地说，垂直价差组合（尽管其他一些类型也是如此）——风险较低。由于垂直价差组合由一个期权多头和一个期权空头（两个看涨期权或两个看跌期权）组成，Delta、Gamma、Theta 和 Vega 都至少被部分抵消了。这为做市商提供了一个潜在的独特机会。垂直价差组合中的双腿为风险较低的净头寸提供了两个理论定价优势来源。这是双赢的。

但通过执行市场中间价策略，精明的交易者可以在某种程度上管理让渡给市场的定价优势。当交易者在"自然"价差市场上交易时，他就在最大程度上放弃了定价优势。所谓的自然价差市场就是交易者在一个期权上以卖价买入，在另一个期权上以买价卖出。

举例来说，观察以下价差组合的双腿：

5 月到期、执行价格为 50 美元的看涨期权：5.00—5.10 美元。

5 月到期、执行价格为 55 美元的看涨期权：2.40—2.50 美元。

自然价差市场就是以 2.50 美元（5.00 美元减去 2.50 美元）买入，以 2.70 美元（5.10 美元减去 2.40 美元）卖出。

在自然价差市场上交易这样的价差组合是做市商愿意做的。它有双边定价优势，较小的 Delta 风险，较低的佣金（因为交易的股票较少），以及较低的非 Delta 风险。如果做市商以他的买价或卖价交易这双腿中的一条（然后对 Delta 进行对冲），他就会寻求分散非 Delta 风险。

做市商会很乐意在另一个期权中持有抵消头寸，以降低 Gamma 值、Theta 值和 Vega 值。做市商会很乐意交易例子中显示的价差组合的另一条腿。但是套期保值有双重风险——交易者可能错过第一次交易或第二次交易的对冲。如果交易者只交易价差组合，那么他只需要执行一次对冲交易。

而且，价差组合的 Delta 值比构成这个价差组合的任何一个期权的 Delta 值都小，这意味着如果做市商错过了对冲，损失就会更小，佣金也会更低。此外，如果交易者只交易了价差组合的第一条腿，他就面临着是否有机会将非 Delta 风险分散的不确定风险。做市商需要这笔交易的另一端（或另一个构建价差组合的类似期权）来降低风险。

事实上，如果做市商按买价或卖价交易单腿期权，他通常会很乐意在交易第二条腿时做出让步，以建立较低风险（价差组合）的头寸。在某种程度上这是一种通过对冲风险将定价优势转换为利润的方式。如果公众客户为做市商提供机会，让做市商按买价买入，或按卖价卖出一个期权，并以公允价值交易另一个期权，做市商往往会欣然接受这笔交易。

市场中间价策略

市场中间价策略（从非做市商的角度来看）是以这样一种方式向市场报出订单的，即人们可以认为做市商正在获得一些定价优势——尽管尽可能少。做市商在定价优势上得到了"回报"。这是他们为之而战的奖励。如果交易对他们来说没有胜算（或只有负的胜算），他们就没有动力进行交易。

假设公允价值正好处在给定期权的买价和卖价之间——尽管情况可能并不总是如此，但这是一个合理的假设。如果理论价值处于所有期权报价的中间，那么对于基于这些期权所创造的价差组合来说，理论价值将处于自然市场价格的中间。

渴望以中间价成交的交易者应该观察自然价差市场，然后，找到自然市场中买价和卖价之间的中间点。希望以市场中间价策略买入期权价差组合的交易者，要以高于中间价，但低于卖价的价格报买价。出售期权价差组合的市场中间价策略交易者应该以低于中间价，但高于买价的价格报卖价。这为流动性提供者提供了一些定价优势，因此，它确保了成功成交的最大可能性。

在期权价差组合市场执行市场中间价策略与在单独一条腿市场中执行市场中间价策略相比，不仅对做市商有利（如前所述），也对市场接受者有利。在价差组合市场中执行市场中间价策略的交易者成为市场追逐者的风险较低，因为它的 Delta 值较低。较低的"追逐者风险"，加上获得更好执行价格的可能性，意味着在价差组合市场中执行市场中间价策略的交易者将获得双重好处，执行更好、风险更低的交易。这是另一种双赢。

胆小鬼游戏

做市商不是慈善家，这一点毫无疑问。正如任何企业的经营者都想在每一笔销售中尽可能多地赚取利润一样，做市商也想在每一笔交易中尽可能多地获得定价优势。即使做市商看到了一笔有利可图的交易（就定价优势而言），他可能也不会立即出手抓住这个机会。他可能会等一会儿，看交易者是否会放弃自己的报价并以买价成交（或接受卖价）。

这是一场众所周知的胆小鬼游戏。非做市商希望轻松地执行交易，而不是去追逐买价或卖价。当待执行的市场中间价订单没有得到执行时，交易者会感到焦虑，这是有充分理由的。他们可能不得不停止玩这个游戏，付清费用，以免错失机会。做市商知道这一点。

但从做市商的角度来看，他们同样不想错失机会。如果在交易中有定价优势，他们的竞争对手可能会抢先一步，在他们之前交易期权价差组合。市场价格可能会波动到期权价差组合不再具有定价优势，这会使做市商错失机会。

如果客户很聪明，她可以通过将订单转到另一家交易所来惩罚玩游戏的做市商。例如，假设一名交易员向国际证券交易所（ISE）下单，要求卖出一个看跌期权价差组合，其报出的限价高于买价，但低于中间价。如果 ISE 的做市商没有执行订单，交易员可以取消订单，然后将其转移到芝加哥期权交易所（CBOE）。正是这种策略的存在让"谈判权"掌握在散户、机构或自营交易者手中，而不是做市商手中。

关于定价优势的假设

关于定价优势的假设可能并不总是准确的。即使模型显示成交具有胜算，做市商也可能放弃这笔交易。做市商可能不接受看似有定价优势的市场中间价价差交易的一种情况是，他已经通过这种方式进行了交易，并且再交易可能会增加头寸（即增加风险）。

例如，假设一名做市商随着时间的推移积累了大量头寸，头寸中有 1057 份 5 月到期、执行价格为 50 美元的看涨期权多头和 1103 份 5 月到期、执行价格为 55 美元的看涨期权空头。此刻这一价差组合的自然市场报价为 2.50 美元的买价，2.70 美元的卖价。这时有订单进入市场，以

2.55 美元的价格卖出价差组合。由于做市商实际上已经通过之前的交易积累了这一价差组合，因此他没有动机交易它来换取逐渐减少的定价优势。他可能会坚持在买价买入。然而，如果一个订单进入市场，以 2.65 美元的价格买入，这个交易员很可能会在一瞬间以少 5 美分的定价优势卖出。为什么？因为出售将使风险降低——对交易定价优势来说也是如此。

当买价和卖价报单量不平衡时（即其中一个方向上的订单数量明显多于另一个），这有时表示做市商对于买入或卖出市场中间价的倾向性。可以分别把以买价买入和以卖价卖出的交易想象为交易者愿意下的赌注，把交易的报单量想象成打赌时所赌之物的货币价值。就像对赌局有信心的赌徒愿意赌更多的钱一样，对交易有信心的交易者愿意交易更多的合约。

期权与押注

例如，假设一个赌徒下了 50 美元的赌注，赌芝加哥熊队能击败绿湾包装工队，并得到 7 分。这意味着芝加哥熊队不仅要赢，而且要赢 7 分才能使赌徒赢。在这个例子中，赌徒下注球队等同于买入或卖出。在这种情况下，赌徒正在"买入"熊队。如果他是在"卖出"熊队，他会希望包装工队获胜。

7 分是他愿意支付的价格，这相当于期权的权利金。当然，他希望花更少的钱。如果他只"支付"了 6 分或 5 分，他获胜的概率会更大。他希望在分数方面支付得尽可能少。所选的分数越低，赌局就越好。

最后，50 美元的赌注表明了他对这个价格和分数水平局的信心。如果赌徒更有把握，他会下更大的赌注，赌更多的钱；如果他不那么确定，他会下更小一些的赌注。在考虑交易规模的时候，这与交易者适用的逻辑是相同的。对于某个交易非常有信心的交易者会愿意交易更多的合约。如果交易者认为这个交易更具投机性，他交易的合约数量就会减少。

交易或下注有三个重要的标准：选边、价格敏感度和交易规模。让我们首先考虑一下价格敏感度，因为它与交易规模有关。如果投注者可以在不选得分的情况下下注熊队——这意味着只要熊队赢，他就赢了，他肯定会比在同一场比赛中必须选 7 分下更大的赌注（假设他是一个理性的人）。为什么？

这里有两个原因。首先（也是最明显的），这是一个更好的下注方式。不选得分比选 7 分更容易。但更进一步，在这个例子中，不选得分的下注对于市场而言是有价值的。如果其他人都选 7 分来赌熊队赢，而投注者有机会无成本"买入"下注，那么他不仅比其他人有优势，还有套利机会。他可以下 0 分的赌注（买入熊队），然后与其他对手打赌，下注包装工队（卖出熊队）得 7 分。

如果赌徒同时进行这两笔交易，他就没有承担风险——只有可能的回报，也就是套利。如果熊队输了，赌徒就盈亏平衡，他输掉了直接对熊队下的赌注，但同时赢了对包装工队得 7 分的赌注；如果熊队赢了不到 7 分，他就不仅赢了对熊队下的赌注，还赢了对包装工队下的得 7 分的赌注；如果熊队以超过 7 分的优势获胜，他就会实现盈亏平衡，对熊队的赌注取得全胜，但同时输了对包装工队得 7 分的赌注。

请注意，一个人可以下注或交易的价格决定了他愿意接受哪一方的赌局或交易。在这个例子中，因为投注者可以直接对熊队下注，他也很高兴可以对包装工队得 7 分下注（即使他是熊队的铁杆球迷）。在某些情况下，投注者实际上可能会下注包装工队，即使这不是为了套利所下的赌注。如果有人想下注（买）熊队，然后赌它赢 80 分，那么即使是《周六夜现场》小品中的"大熊队"超级粉丝也会在这场赌局中下注包装工队。而且，他们会下很大的赌注。价格敏感度不仅与交易规模有关，还与下注或交易的选边有关。

　　这正是交易的运作方式。这很容易转化为交易员的行话。"我会在熊队上赌 7，50 倍"对于一名交易员来说是一个完全可以理解的、与另一名交易员打赌的方式。无论是赌博还是交易，这种选边、价格敏感度和交易规模交织在一起的概念是交易员思维的核心。这是交易中其他所有因素都围绕的核心概念。

　　理解了这种思维模式，足不出户的交易者就能一窥中间价市场，并通过研究买卖盘的规模来推断交易者想做什么。它可以帮助识别提供流动性的大资金交易者是想做多还是想做空，由此识别他们更想卖出还是买入。毫无疑问，它告诉公众，在当前的交易价格水平下，交易者希望选择"赌局"的哪一方。

　　记住，做市商是厌恶风险的交易者，他们交易方向中立，不要有波动率相关仓位。如果做市商想选择交易的某一方进行交易（买入或卖出），那是因为他持有头寸，想对其进行对冲。因此，如果给定期权合约的买单总量大于卖单总量，可以推断做市商必然持有该执行价格期权合约的空头，他想要买入。在这种情况下，他们会更倾向于接受市场中间价的卖价而非买价；同样，如果卖单总量大于买单总量，做市商正试图卖出他们的多头，因此，他们在寻找市场中间价的买单进行交易。

　　在大多数对用户友好的期权在线经纪商平台上，交易者都很容易找到关于买卖盘大小的信息。通常期权链上会显示买价和卖价订单规模的信息。同样，由于做市商做 Delta 中性交易，不平衡的市场表明做市商持有波动率相关头寸，而非方向性头寸。因此，如果 10 月到期、执行价格为 75 美元的看涨期权的买单量大于卖单量，做市商可能会倾向于购入 10 月到期、执行价格为 75 美元的看跌期权与看涨期权，因为看跌期权与看涨期权的波动率风险（Gamma、Theta 和 Vega）暴露大致相同，只是 Delta 不同，但无论如何都会立即得到对冲。事实上，他们很可能有兴趣购买任何一个执行价格接近 75 美元的 10 月到期期权，以构建一个降低风险的期权价差组合。

第 9 章

利用对做市商的了解形成优势：第三部分

待执行订单与市场中间价策略

有一种情况是，失衡的市场表明的并不是做市商的波动性偏好。当机构或自营交易者在买价和卖价之间报出大额限价指令时，可能会扭曲真实的市场流动性。经验丰富的交易员可以很容易地发现这类订单。如果期权链中有一个期权的买单或卖单规模明显不成比例，那可能表明存在一笔待执行的、专业的订单，但交易员需要更深入地挖掘才能确定它的性质。

交易所明细

交易员应查阅每家交易所的买价和卖价明细表。许多在线经纪商会提供这方面的信息。当专业订单被识别出来后，查看每家交易所的市场价格情况将放大规模上的不平衡。为什么？根据定义，期权链（总市场）的总规模大于构成整个市场的任何组成部分的交易所市场规模。因此，考虑到订单所在交易所的规模较小，订单将更加突出。此外，如果不查看交易所的明细，有时可能无法观察到待执行订单。

例如，假设一个特定的期权类别在五家交易所上市。现在，假设每家交易所都以相同的价格为 10 份合约报出买价和卖价，如表 9-1 所示。

表　9-1

	买单量（份）	买价—卖价（美元）	卖单量（份）
CBOE	10	0.75—0.85	10
ISE	10	0.75—0.85	10
BATS	10	0.75—0.85	10
NASDAQ OMX PHLX	10	0.75—0.85	10
NYSE ARCA	10	0.75—0.85	10
市场总体规模	**50**	**0.75—0.85**	**50**

因此，市场总体规模就是为 50 份合约报买价，并为 50 份合约报卖价。

现在想象一下，一名专业交易者向芝加哥期权交易所（CBOE）报出订单，以 0.80 美元的价格买入 50 份。新的市场明细如表 9-2 所示。

表　9-2

	买单量（份）	买价—卖价（美元）	卖单量（份）
CBOE	<u>50</u>	<u>0.80</u>—0.85	10
ISE	10	0.75—0.85	10
BATS	10	0.75—0.85	10
NASDAQ OMX PHLX	10	0.75—0.85	10
NYSE ARCA	10	0.75—0.85	10
市场总体规模	**50**	**0.80—0.85**	**50**

请注意，因为市场只显示最好的买价和卖价，所以只有芝加哥期权交易所（CBOE）的买价出现在买价端——它比本例中其他交易所的买价都高。市场总体规模是平衡的。但从流动性的角度来看，这并不能准

确地反映出市场的状况。只有在对个别交易所市场进行检查后，才能注意到明显的待执行订单。当然，如果专业订单量更大，比如 500 份合约，就会更容易被察觉，即使不看交易所的明细也能发现。

要成交待执行订单的话，交易者必须查看交易所的明细，以明确该将指令发送到哪里。例如，考虑一个情景，在该情景中，很明显存在待执行订单。一位交易者注意到，这里存在严重的买卖失衡。有 500 份合约的买量，但只有 50 份的卖量。交易者恰好想以 0.80 美元的买价卖出。如果交易者只是通过他的在线经纪商发送订单，订单可能会被发送到一家交易员很可能无法在 0.80 美元的价格下完成整个订单的交易所。表 9-3 为此期权的交易所市场明细：

表　9-3

	买单量（份）	买价—卖价（美元）	卖单量（份）
CBOE	<u>490</u>	<u>0.80</u>—0.85	10
ISE	10	0.80—0.85	10
BATS	10	0.75—0.85	10
NASDAQ OMX PHLX	10	0.75—0.85	10
NYSE ARCA	10	0.75—0.85	10
市场总体规模	500	<u>0.80</u>—0.85	50

如果交易者只是简单地下单卖出，比如以 0.80 美元的价格卖出 20 份合约，而没有具体地指明发送到芝加哥期权交易所（CBOE），那么这笔订单可能不会立即被全部执行。为什么？尽管此订单应被送至出价最高的交易所（在本例中为 CBOE 和 ISE），但在本例中，ISE 订单薄上的订单不足以执行 20 份合约，只有 10 份合约将被执行，剩下的 10 份可能并不能得到执行。由于存在竞争，每家交易所都希望在自己的交易所而不是在其他交易所完成交易，所以无论哪家交易所收到订单，都可能交易整个订单，即便是按公允价值。但谁也不能肯定。

旗鼓相当⊖的市场

　　有时，交易者向一家交易所发出订单后就没有兴趣与另一家交易所的订单进行匹配了。这可能会导致一个"旗鼓相当的市场"。旗鼓相当的市场是买价和卖价完全相同的罕见情况。旗鼓相当的市场之所以叫这个名字，是因为在这个价位上，交易员可以选择他们想要买入还是卖出。在上一个示例中，如果交易员的订单被发送到 ISE，那就只有 10 份合约被执行，ISE 的订单薄上就有 10 份合约以 0.80 美元的价格卖出，此时就形成了一个"旗鼓相当的市场"，以 0.80 美元买入，以 0.80 美元卖出——CBOE 以 0.80 美元的价格买入，ISE 以 0.80 美元的价格卖出。

　　旗鼓相当的市场是非常罕见且非常短暂的，它们通常只存在几秒钟。本着满足客户订单被执行的精神，如果订单最初被发送到的交易所对以该价格进行交易不感兴趣，订单将被迅速发送到显示有可执行价格的交易所。

　　这种情况的风险是错失良机。如果在将订单发送到匹配的交易所的短暂时间内，市场报价偏离了可交易的价格——假如在上一个示例中，市场买价下降到了 0.75 美元（可能是因为待执行的 0.80 美元的买价订单被取消了；也可能是因为标的股票价格下跌，做市商的看涨期权买价也随之走低），交易者可能会错过以期望的价格执行交易的机会。为了防范这种风险，交易者应该时刻注意买卖价差的交易所明细。必要时，交易者必须将订单发送到匹配的交易所（出于数量上的考虑）。

交易所之间的竞争与流动性悖论

　　聪明的交易者可以利用期权交易所之间的激烈竞争。期权行业吸引

　　⊖　原文为 pick-'em market，俚语。——译者注

了狂热的资本主义者，说激烈竞争是相当轻描淡写的。事实上，在本书撰写之时，期权市场多年以来在许多情况下比标的市场更具流动性，至少对于证券期权而言是如此。很明显，因为期权的价格是由标的股票价格衍生出来的，所以情况不应该是这样的，但事实却是如此。

例如，以苹果公司（AAPL）的期权为例。在撰写本书时，AAPL的股票市场价差约为 5 美分，市场规模较小。虽然这些活跃股票的市场价格和市场规模变化很快，但大约有 500 股股票处于报买价和卖价状态。然而，期权市场的价差更窄、市场深度更深。近月平值看涨期权只有约 2 美分的价差，有超过 50 份合约处于报买价和卖价状态。

考虑到每份期权合约代表 100 股股票的权利，这显示了一个惊人的、违反直觉的流动性悖论。在衍生品市场，交易者可以控制 5000 股股票，与实际股票市场相比，他们在进出交易时放弃的定价优势更少。在股票市场，他们只能控制他们在期权市场中所能控制的股票的 10%，而且交易者在这个过程中放弃了更多的定价优势。

公平地说，并不是所有的看涨期权都具有 100 股的价格敏感度，但我们可以通过 Delta 值来进行折算。稍有些虚值的看涨期权的 Delta 值为 0.40，表明它们的价值变化幅度是标的股票价格变化的 40%。因此，看涨期权交易者可以控制大约相当于 2000（5000 乘以 0.40）股股票的头寸规模。这与可交易约 500 股的实际 AAPL 股票市场形成了鲜明对比。

这是期权交易所交易者本着竞争精神过度扩张的结果。交易所之间正在为竞争市场主导地位而战——在某些情况下，也是为了生存而战。而且，为了与凶猛的交易者竞争，交易者有时会承担比他们（可以说）应该承担的更大的风险。但是，在这种情况下，我的敌人的敌人实际上就是我的朋友。交易所之间的竞争为其他人带来了机会，尤其是对于使用市场中间价策略的交易者而言更是如此。

市场中间价订单为给定交易所的做市商提供了在其交易所创造更多成交量的机会，而不是让这些订单流向它的竞争对手。这些订单是诱人的诱饵。做市商希望自己的成交量在他们的交易所内有所增长，因此他们会交易这类订单，除非这意味着失去定价优势或增加风险。

对于聪明的交易者来说，利用交易所之间的竞争，取消没有得到执行的市场中间价订单并把它们发送到另一家交易所，直到订单被执行为止，这种做法正变得越来越常见。这就是所谓的"货比三家"。做市商密切关注此类活动，他们不愿看到订单溜走，从而错失宝贵的机会。任何交易所的流动性提供者只要对交易指令有一丁点儿兴趣，他们就会非常愿意去做交易，以免输给竞争对手。

开盘和收盘阶段的交易

在开盘或收盘阶段交易涉及独特的风险，这些风险在一天的其他时间里是不存在的。这些风险对做市商和非做市商都有影响，而且这些风险会影响流动性。因此，流动性受时间因素影响。当市场刚开盘和临近收盘时，价格可能会更加分散。让我们来探究一下这是为什么。

开盘

在开盘阶段，不同标的资产市场寻找着它们的平衡水平，期权买价和卖价也在寻找平衡价格。交易员的看法和策略会因为隔夜新闻而发生变化。供给和需求发生变化，反过来会影响股价——有时影响很大。标的资产价格的大幅变动可能导致"缺口风险"。

　　股票价格（以及 ETF、指数或期货的价格）可能会显著高于或低于前一天的交易区间，从而在价格图上形成缺口。价格变动中的缺口导致期权的 Delta 盈利或亏损。

　　此外，隐含波动率也会在从前一天收盘到第二天开盘之间重新调整。同样，这也是隔夜新闻导致交易员的看法和策略发生变化的结果。交易员可以在一天开始时大量买入或卖出期权，以调整他们的波动率头寸，适应市场的新情况。有时，激进的买入或卖出可能毫无征兆。隔夜波动率变化的不确定性是所有交易者都必须敬畏的巨大风险。

　　另外，时间衰减上的考虑有时可能会有一点儿不可预测。交易者有时会将交易日从他们的定价模型中扣除，以调低他们的市场价格。"扣除一天"是指交易者将定价模型中使用的剩余到期天数的计算起始日改为第二天。他们提前一天计算，使得期权的价值便宜了 1 个 Theta，这有助于交易者出售期权多头头寸，以避免权利金因时间衰减而受到侵蚀；或者相反，他们建立头寸，从时间衰减中受益。

　　试图大举抛售的交易者希望在竞争对手中以最低的卖价卖出（并保持较低的买价，以避免进一步累积）。因此，交易者都想在模型中扣除交易日。但过于激进可能会导致太多期权被抛售，导致波动率空头头寸过大。

　　此外，有关利率和股息的假设可能会在一夜之间发生变化。政治新闻、外国股市的上涨或下跌、外币价格走势以及国内外央行的行动都可能使交易者重新调整对美国利率的假设。企业新闻也会一夜之间改变交易者对未来股息流的预期。

　　当然，交易者不知道彼此的头寸。因此，他们不知道提供流动性的竞争对手会怎样改变模型输入（波动率、日期、利息或股息）。此外，他们不知道在期权开盘阶段，哪些散户、机构或专业交易者将进入市场。做市商需要非常谨慎，在市场稳定之前，他们需要保持某种程度的态度不明，直到他们对前面提到的潜在定价变化有所了解。

收盘

收盘时，类似的风险也存在。标的资产和期权的交易者都需要在收盘前完成最后的交易。收盘时，涌入市场的订单数量高得不成比例。供需不平衡可能会对价格形成压力，所有交易者都需要警惕收盘阶段的价格波动。

此外，做市商和 Delta 中性交易者需要极其谨慎地交易，这样他们才不会错过对冲。请记住，这些交易者通常在每笔交易完成后都会利用标的资产对 Delta 进行对冲。这些对冲交易会耗费时间——尽管时间很短。

在每个交易日的最后阶段，由于通常有大量的期权订单在交易，因此也有大量的股票订单在交易（作为对冲）。如果期权做市商在交易日的最后一分钟进行交易，他可能没有足够的时间来完成对冲。

执行期权做市商的股票订单以及大量其他公共订单的经纪商忙得不可开交。在这一时点上，订单不可能像往常一样总是及时得到执行。期权做市商可能会被挂在交易上，这意味着他们的订单可能得不到执行，这也意味着他们将以不平的 Delta 结束一天的交易——对于做市商来说，这是严重的过失。

流动性提供者最好在交易日的最后一分钟左右缩减买卖规模，以防止带着 Delta 多头或空头结束一天的交易。如果做市商在知道很有可能无法对冲的情况下进行大规模的期权交易，那是鲁莽和不负责任的。因此，期权流动性可能会在每个交易日的最后一到两分钟内降低。

解决方案

尽量避免在开盘和收盘阶段进行交易。在流动性较高的情况下交易总是最好的。交易日中的交易时段是一个重要的流动性考虑因素。

但有时交易者必须在开盘或收盘的时段内交易。如果交易者持有隔夜头寸，并且市场在开盘前有消息（利好或不利）传出，他可能需要在市场开盘后立即退出以获取适当的利润，减少灾难性的损失或者利用有利的形势建立头寸。在波动性和流动性相对较差的开盘阶段交易，是交易者有时需要承担的一种交易成本。同样的情况也适用于收盘。如果当天晚些时候传出消息，交易者可能需要结清头寸以获利，避免隔夜风险产生的损失或者在一天结束且机会消失前建立头寸。缺乏流动性是交易者有时要面对的另一个开展业务的成本。

价格敏感性、流动性和恐惧

流动性不足源于不确定性。盘中，做市商根据不确定性风险做出价差宽度和规模决策。这些行动最终会影响整个市场的流动性。做市商面临的风险是由希腊值衡量的。了解了做市商的希腊值风险敞口，你就了解了市场流动性。

风险 1：Delta 对冲风险

如前所述，错过对冲的风险是做市商面临的最大风险之一。因此，做市商决定如何提供流动性至关重要。深度实值期权（高 Delta）的价差更宽、规模更小（即流动性更低）。高波动性的标的资产也有较低的流动性，因为它们有价格出现不利变动的风险。同样，交易清淡的标的资产的期权买卖规模也较小。

例如，假设一个做市商购买了 20 份 50-Delta 的看跌期权。一旦交易完成，交易员将需要购买 1000 股来进行对冲。如果所显示的卖单数量少于 1000 股，交易员将无法执行完整的对冲。因此，谨慎的期权做市商应该根据标的资产的买卖报价规模做出相关期权买卖规模和深度的决定。

风险 2：单面纸

做市商将进入市场的订单称为"纸"。当大量订单都是买入期权或卖出期权时（也就是说，都是在市场的一侧时），做市商通俗地将这些订单称为"单面纸"。当出现了影响标的资产价格的事件，交易者、投资者和套期保值者都试图建立相同或相似的头寸时，"单面纸"就会出现。这一现象可能是利好消息或不利消息，技术阻力位突破，有市场影响力的交易者的建议或其他情况产生的结果。例如，如果一家公司的负面消息发布，股价开始下跌，市场上的参与者可能总体上对买入看跌期权进行对冲和投机感兴趣。

因为管理风险的做市商必须分散期权相关风险，所以当他们购买期权时，他们必须卖出其他期权，反之亦然。但当"单面纸"情况出现时，他们就无法做到这一点。请记住，做市商受制于订单流。他们不会采取行动，他们只会做出反应。为了能够进行交易，他们需要公众向交易所发送订单。如果公共订单要么全部是买入，要么全部是卖出，做市商就不能分散以期权为中心的风险。极端"单面纸"情况可能会对流动性产生严重影响。我们要从做市商的角度考虑价格弹性。

价格弹性举例

没有相应头寸的做市商对特定期权类别的近月接近平值期权，以电子方式报出 50 对 50[⊖]。在这个例子中，他报出的市场价格是 1.00 美元买，1.10 美元卖。想象一下，一个散户向交易所发出了一个订单，做市商按 1.10 美元的卖价卖出了 50 份合约。做市商对头寸进行对冲并提高了隐含波动率，进而提高了自己的买价和卖价。现在做市商的报价是 1.05 美元买，1.15 美元卖。他之所以这样做，是因为他乐于以 5 美分的利润回购 50 份合约，并以同样的价格交易股票。但他之前以 1.10 美元的期权价格对应的波动率水平卖出，现在只有在他因增加更多风险而获得更多补偿的情况下，他才愿意出售更多。

现在想象一下，几分钟后，在标的资产仍以相同价格交易的情况下，另一个散户订单被发送到交易所，并以做市商 1.15 美元的卖价执行。在又卖出了 50 份合约（价格更高，因此波动率也更高）后，做市商以 1.10 美元的价格买，以 1.20 美元的价格卖，做市商对冲并进一步提高了波动率。他现在持有 100 份期权的空头。

做市商的价格弹性决策是基于降低风险或为积累的更多风险而要求的更高的平均价格。通过将买价提高到 1.10 美元，这位做市商表明，他将很乐意在同样的价格水平回购 50 份合约，从而平掉第一笔交易——以 1.10 美元的价格卖出的 50 份。这将使他在较高的卖价为 1.15 美元的情况下只持有 50 个期权空头（即较低风险）。通过将卖价提高到

⊖　即 50 份买单、50 份卖单。——译者注

1.20 美元，他继续提高累积头寸的平均价格。如果他再以 1.20 美元的价格卖出 50 份合约，他将以 1.15 美元的平均价格持有 150 份合约空头。

想象一下，如果这种模式继续下去，没有其他相应的订单执行，做市商将进一步提高波动率——不仅是该期权的波动率，还包括相应到期月份的所有期权合约和可替代到期月份期权的波动率——以分散风险。如果他提高的市场价格没有吸引到任何卖单，他将不断获得更多 Gamma 空头、Theta 多头和 Vega 空头，最终他将持有一个岌岌可危的波动率头寸。

在卖出越来越多的期权后，做市商会因卖出过多期权（即太多的 Gamma 和 Vega）使头寸变得无法管理。交易员的关注点将从提高平均价格转向纯粹的风险缓释。他的市场报单可能会变得不平衡，卖单的合约数量会比买单的合约数量要少。他的市场报单可能是 50 份买单、10 份卖单。做市商肯定会减少卖单数量，但他不会想以更高的价格（相应的波动性水平）购买更多的合约。否则，他会以高于期权平均卖价的价格买入。

这就是"单面纸"情况是如何影响流动性的。请注意，真正影响流动性的并不是做市商，而是整个市场。做市商只是供需的平衡者。做市商只对订单流做出理性的反应，并努力控制风险。一旦订单流出现严重不平衡，他们可能会改变心态，进入生存模式，放弃对市场规模的承诺。

风险 3："嫁给"缺乏流动性的头寸

有时，流动性不足会进一步导致流动性不足。许多股票期权（以及期货期权），在任何时间，从交易的角度来看，普通公众都不会感兴趣。

它们已经失宠了。这些期权的交易并不活跃，有时可能数天，甚至数周都没有一笔交易发生。这些市场上的买卖价差可能大得令人窒息。为什么？做市商面临的风险是无法获得分散风险的对冲性交易。他们可能会被锁定在这个头寸上，并将不得不持有这个头寸很长一段时间——无论是好是坏。交易员将这种情况称为"嫁给"一个头寸。

交易员可能不得不在交易稀缺的期权类别上持有头寸数周。当然，这并不是做市商愿意参与的。回想一下，在对订单流做出反应并提供流动性时，做市商持有的头寸与头寸交易者花费大量时间分析和制定策略持有的头寸截然相反。可以说，做市商在每个头寸上都站在了错误的一边。"嫁给"头寸伴随着巨大的波动率风险，无论是隐含的还是现实的。持有头寸的时间越长，风险就越大。

出于这个原因，低成交量期权类别的做市商必须更多地补偿自己，以弥补此类期权特有的潜在"嫁给"头寸的风险。低成交量的期权类别正在失去做市商的关注，因为被迫持有（不利的）头寸的可能性远远超过通过买卖价差获利的可能性。因此，很少有交易者在这些期权上做市，这进一步增加了这些期权的流动性难题。

快速市场

快速市场是指出现极端市场情况的市场。当一种期权处于快速市场时，其标的资产通常具有极高的反常波动性。在快速市场中，流动性蒸发是很常见的。市场价差变宽了——有时宽到了极致。通常的市场情况下只有 5 美分甚至更窄的价差，在快速市场环境下可能达到 1 美元。此外，当某个期权类别进入快速市场时，买卖规模可能会变为其正常水平的一小部分。

交易者（无论是做市商还是市场接受者）在快速市场中交易时都必须非常谨慎。尽管市场价差变得很宽，但当标的资产价格经历极端波动时，做市商无法对冲的风险要大得多。做市商扩大他们的市场价差（缩小他们的规模）是有充分理由的。在许多情况下，做市商在快速市场条件下无法获得足够的市场价差以弥补其大幅增加的风险。

非做市商面临的风险也同样极端。对于非流动性提供者的市场接受者而言，他们必须承担更宽的买卖价差。他们实际上为较低的流动性支付了费用。而且，他们无法执行限价单的可能性也增加了。在快速市场中，以卖价报买价或以买价报卖价更有效。

顺便说一句，另一个交易员的俗语是对快速市场状况的某种致敬："个人快速市场"。在交易大厅或场外交易室，偶尔事情多起来，变得非常忙碌是很常见的。交易员需要是一心多用的高手。他们可能正在处理一笔卖出交易，看到股价对他们不利从而管理头寸，进行一笔新交易，查看新闻报道以确定他们交易的期权类别正在发生什么等——所有这些都是同时进行的。有时，当有太多事情发生时，交易员可能会有点儿紧张，特别是当事情出错的时候。将交易员的疯狂状态称为个人快速市场是很常见的，例如，"乔看起来像是在一个个人快速市场里"，或者"我现在不能说话！我在一个个人快速市场里"。

第 10 章

力量的转移

十进制、多重上市和技术如何改变游戏规则

当国王真是太好了，或者说，曾经是这样的。但是，做市商已不再掌握着通往这个王座的钥匙。那些日子已经一去不复返了。权力已经从少数人的手中转移到足够聪明、能够运用它的人手中了——无论是专业交易者还是非专业交易者。

期权行业在技术和功能等很多方面都发生了许多变化，这是十多年来无情的变化。

期权行业中的技术变化

当我开始在芝加哥期权交易所进行场内交易时，我有一台芝加哥期权交易所发的手持设备来分析我的头寸。这个手持设备很小，但很重，配有一个黑灰色的液晶触摸屏，我可以完全用手控制它。我可以看到我的期权和股票头寸，我可以看到每个期权类别头寸的 Delta 值、Theta 值和 Vega 值。它差不多就是这样，没有价格图表，没有波动图表，没

有真正细分的头寸分析。当然，它也没有新闻或其他媒体资料。以今天的标准来看，它已经相当过时了。

为了获得交易所需的信息，我们不得不大量参考其他资料。交易大厅里稀疏地放着新闻终端，上面有道琼斯和路透社的新闻。每个交易池内都有闭路电视。我们有我们的"报表"——我们称之为我们的"早晨报表"。每天早上将"报表"打印出来，上面详细列出了有用的分析，供我们在一天中进行参考。虽然这些都是静态的分析，我们必须根据当天的交易进行调整，但它们是有帮助的。

我们通过第一期权（First Options）公司清算我们的交易，它们提供我们称之为"图"的图表，这是每天早上打印出来的盈亏图，显示了到期前不同时间范围内的头寸风险。每张快照图表粗略地使用了不同的字符：某一天的风险由一系列星号表示，形成一条曲线；另一天的风险曲线由一系列连字符组成，诸如此类。我们交易员也可以购买额外的软件工具来分析我们的风险。软件包包括风险图、价格和波动率图、综合新闻等。如果交易员愿意，他们可以在交易辅助工具上花很多钱。

今天，任何提供期权服务的在线零售经纪公司的分析软件都比我刚开始做交易员时能接触到的任何软件好得多。大多数现在可以广泛获得的东西在当时根本不存在。最棒的是，它通常都在一个用户界面中，而且是免费的。

散户现在拥有专业交易者10年前没有的工具，甚至更好。正如你所料，专业交易者的工具也在同步发展。今天的专业期权交易是非常理性的，这可以从它所使用的技术上看出来。

以往的情况是，一个聪明、有进取心（再加上一点敬业）的年轻人可以轻而易举地找到一份交易工作。如今，许多雇用交易员的公司都要求应聘者拥有数学和计算机编程专业的博士学位。现在，交易公司正以前所未有的方式寻找"定量分析师"建立模型，充分开发市场机会。同时，似乎建立的模型越多，就有越多的交易员竞相建立更好的模型。专业交易者不再是交易的执行者，这一功能在很大程度上是自动完成的。专业交易者是编程的大脑而不是肌肉。

期权行业的功能变化

或许，比技术变革更重要的是期权行业运作方式的功能性革新。当然，期权业务也出现了一些具有深远影响的新发展。这些变化非常有利于散户、机构和自营交易者，且大部分是以牺牲做市商的利益为代价的。

市场分割化

我在期权世界的中心开始了我的交易生涯。CBOE 是场内上市期权的创造者。该交易所过去是（现在仍然是）交易界的伟大创新者。当时，它是期权池中的大鱼，只有少数几个比它小得多的竞争对手。CBOE 是期权界大多数大师的所在地，最大份额的流动性提供者（也就是做市商）就在那里。

我做交易的 CBOE 交易大厅，被分割成交易者称之为"交易池"的不同区域，由标杆和区域标明。不同期权类别都在特定的交易池内交易。一个交易池可能只有一种标的资产的期权（对于较大的标的是这样的，如 SPX[⊖]或 OEX[⊜]）在交易，也可能有许多期权类别在交易。

⊖　S&P500。——译者注
⊜　S&P100。——译者注

如前所述，我做交易的那个交易池叫作"福特池"。之所以这样叫，是因为这个交易池内最知名的标的是福特汽车公司的股票。我交易的是福特期权。但我也交易了许多其他公司股票的期权，包括美国网络公司、嘉年华公司、考克斯通信公司和普瑞纳公司。我当时交易的大多数期权都只在福特池的池内交易——交易人厅里没有其他地方能够交易这些期权，世界上也没有其他地方可以交易这些期权。这在很大程度上是一个中心化的市场。

当时，大多数期权都是"单一上市"期权。这意味着，尽管美国有几家期权交易所，但基于同一股票和指数的期权只在一家交易所上市，因此也只能在这家交易所交易。当时也有一些股票的期权是多地上市的，因此可以在不止一家交易所交易，但只有相对较少的期权类别是这样的。

此后，就在十多年前，曾经是单一上市的期权开始在相互竞争的交易所多地上市。很快，几乎所有期权都变成了多地上市期权。游戏规则发生了变化，而且变化得很快。做市商之间的竞争以惊人的速度成倍增加。在芝加哥期权交易所，一名做市商不仅要与站在他旁边的 5 名或 10 名交易员竞争，还要与费城的交易员、美国证券交易所的交易员等竞争，他们都在争夺同一期权类别的流动性。对于做市商而言这就是潮流开始转向的时候。

期权市场的分割化对期权行业产生了涟漪效应。总体而言，这让非做市商受益。它使市场买卖价差更窄，市场深度更深，交易成本更低。交易所也不断努力寻求新的方法来迎合非做市商交易者，比如以提供更多信息、更快的执行速度和更有利的规则来赢得客户。

这种新的竞争也产生了一些有争议的后果。一个是订单流付费——

交易员付钱给经纪人，以换取首先交易订单的机会。另一个是内部化——代表客户的公司成为客户的交易对手。

改变为多地上市对做市商的一个直接伤害是关于收盘交易的信息。当期权只在一家交易所上市时，做市商知道公众（至少是大资金）需要做什么才能完成交易。比方说，如果高盛（Goldman Sachs）进入交易池，买入 5000 份 3 月到期、执行价格为 50 美元的看涨期权，做市商就知道它的头寸是 5000 份 3 月到期、执行价格为 50 美元的看涨期权多头。他们目睹了这一切。最重要的是，做市商知道，高盛必须再找他们，以卖出自己持有的多头，平掉头寸。

尽管公司可以执行期权，也可以让期权到期，但绝大多数专业交易者都会在期权到期前了结头寸，或者将其展仓到下个月。如果公司想退出，就不得不去"找爸爸"。这就像坐在扑克桌前，你知道对手的牌是什么一样。

现在，情况并非如此。交易公司可以在一家交易所买入期权，然后在另一家交易所将其卖出了结头寸。做市商的明显劣势是，如果交易公司是在另一家交易所发起的交易，他们不知道交易公司需要做些什么才能了结头寸。他们没有机会看到整个情况。

多地上市对做市商的另一个伤害是，做市商被困在无法分散风险的不想要的头寸上的风险更大。事实上，如果一家交易公司在一家交易所购买了大量期权，并在另一家交易所抛售这些期权以平仓，两家交易所的做市商都有暴露头寸的风险，因为没有公众交易者订单进来成为交易对手方。做市商们背负着很难退出的头寸，依赖市场双边报价来平衡头寸。做市商不仅市场优势被剥夺，还显然具有了某种劣势。

在交易所的竞争中，国际证券交易所（ISE）的出现加剧了竞争的强度。ISE 是一家全电子期权交易所，于 2000 年上线，是美国首个此类交易所。在巨额资金的支持下，它一上线便对一度位居于食物链顶端的芝加哥期权交易所构成了威胁。芝加哥期权交易所迅速开发了一种混合交易系统，它既可以进行电子交易，也可以进行传统公开喊价交易。其他美国期权交易所也迅速推出电子交易平台参与竞争。

在线期权经纪商

大约在 ISE 开始起步的同时，在线期权经纪商也在这一业务中插了一脚。全新的经纪公司纷纷涌现，提供进入期权市场的电子通道。聪明的实体经纪公司知道它们需要提高竞争力才能生存，因此它们也搭建了进入期权市场的电子通道。那些不那么聪明、反应不那么快的经纪公司逐渐在期权业务中失去了优势。

现在，任何人都可以直接在自己的电脑上输入订单信息，交易期权。这种可能性培育了自我驱动期权交易者这一基本尚未开发的市场，使他们只须按下一个按钮就可以轻松地进行交易。反过来，芝加哥期权交易所和其他交易所电子交易的改进，以及 ISE 的创新，帮助培育了在线期权经纪商。

当我刚开始在 CBOE 大厅进行交易时，我的大多数交易（约 90%）都是在公开喊价交易形式下完成的。芝加哥期权交易所的零售自动执行系统（RAES）可以进行电子交易。这是一个用于分配公众订单的电子系统，注册了 RAES 并同意尊重集体传播市场规则的做市商可以利用它进行交易。与今天的电子交易标准相比，RAES 是非常陈旧的，但它在当时是非常先进的。当我离开交易大厅时，我高达 90% 的交易都是在芝加哥期权交易所的电子平台上完成的，那时的电子平台已经比 RAES 复杂得多了。

十进制

所有这些变化都与该行业的另一场重大革命不谋而合：十进制。当期权做市商试图适应多地上市和电子交易时，美国证券交易所开始以十进制（即美元和美分）交易股票，而不是分数。之前多年来，股票的交易是以 1 美元的 1/8 作为最小变动价位的。很快，所有的美国股票都以十进制进行交易了。

十进制有着巨大的影响。想想看，如果最小变动价位是 1 美元的 1/8，那么一只股票 100 股的最小买卖价差只能是 12.50 美元（或者是每股 12.5 美分）。随着十进制的实施，股票市场买卖价差很快就变得很小——只有几美分。今天，一些高流动性、低波动率股票的市场买卖价差只有 1 美分（或 100 股只有 1 美元）。

股票价格的十进制在许多方面对普通公众和期权做市商都是有利的。更小的市场价差意味着更小的滑点。但十进制在某种程度上改变了股市的流动性结构。它改变了向市场展示流动性的方式，以及流动性提供者吸收流动性的方式。

想象一下，一只有 1500 对 1500 的市场（买价和卖价都是 1500 股）的股票以往买卖价差通常是 1/8 美元。这基本上意味着，为了承担买入或卖出（卖空）1500 股股票的风险，流动性提供者要求每股 12.5 美分的补偿。现在，转为以美分为单位进行交易。认为同一只股票可能只有一两美分买卖价差，但买卖报单规模仍有 1500 份，这合理吗？当然不合理。因为风险溢价不能在同等程度上补偿交易者。在改变为十进制之后，紧接而来的是价差更小的市场（小于 12.5 美分），市场买卖报单规模无疑也会变得更小。

此外，有时较大的待执行公共订单可能会被较小的订单掩盖，从而掩盖了真正的流动性。例如，假设有一个以 74.50 美元买入 5000 股的待执行订单。如果出现一个以 74.51 美元买 100 股的订单，粗略地看订单薄的交易者将不会清楚地看到 74.50 美元处实际存在的价格支撑。简单地看一下买价规模，交易者就会发现只有 100 股可以成交（仔细观察可能会发现市场深度）。

当期权市场紧随其后从以分数变为以十进制进行交易时，十进制使期权做市商所处的环境变得更加复杂。期权曾经以 1/16 美元为最小变动价位进行交易，代表 100 股股票的单一期权合约的 1/16 等于 6.25 美元。市场按十进制进行交易后，期权最小变动价位变为 5 美分，相当于期权做市商每份合约少 1.25 美元的定价优势（公众获得了这部分定价优势），这相当于做市商定价优势的 20%。对于一个每周做 1000 笔交易的做市商来说，这意味着一年大约产生 16 万美元（这是通过假设交易者放弃 1.25 美元的一半的定价优势开仓，另一半用于平仓得到的。1000 份合约乘以 1.25/2 美元，即 0.625 美元，再乘以 256 个交易日，等于一年 16 万美元）的差异。

但对于做市商来说，急剧变革并没有就此结束。2007 年，美分试点方案（Penny Pilot Program）推出，允许少数期权类别以美分为增量进行交易。第一只试点股票是全食超市公司（Whole Foods Market, Inc., WFMI），在随后的几周内又有 12 只股票进行试点。这个项目持续推进，使得期权市场上的以美分定价变得司空见惯。那些认为最小变动价位从 1/16 美元变成 5 美分已经很难适应的做市商，又得到了一剂更强的猛药。

做你自己的好时机

期权行业这场革命的最终结果是赋予了自我驱动交易者以权力。在交易史上，从未有如此大的权力被置于公众手中。权力以罗宾汉式的方式从富人手中被分配给了穷人。但是财富并没有被分配，至少没有被直接分配，它是通过添加必要的催化剂来起作用的：强大的交易工具、更容易进入的市场、更好的流动性和更低的交易成本。现在，在期权交易的世界里，只有一样东西可以区分富人和穷人：能力。

与十年前相比，现在让渡给市场的那部分定价优势不算什么。聪明的交易者用合理的交易技术和专业知识进一步使让渡给市场的定价优势变小。滑点现在是一个小而合理的交易成本，而不是进入市场的障碍。事实上，有时候当旗鼓相当的市场出现时，买卖价差根本不算是成本。这种偶尔出现的相同买卖报价是十多年来行业改革导致的残酷竞争的结果。

不仅交易所的做市商在努力地迎合公众，交易所也同样在迎合公众。在期权交易所中，创造更好的产品以满足客户需求的创新非常普遍。新产品，如周期权和外汇期权迅速受到欢迎。此外，为已上市产品提供更好的服务的做法也在扩展，例如更小的期权执行价格间距、做市商定价（一种激励流动性的交易模式）等，这些使现在成为做市场接受者的大好时机。

第 11 章

合成关系和专业交易者视角下的
看跌期权和看涨期权差异

"30 线有什么?"是做市商之间常问的问题,尤其是在到期日前后。在这种语境下,30 线是期权(包括看涨期权和看跌期权)的集合,这些期权具有相同的标的资产、到期月份和 30 美元的执行价格。做市商和其他套利者通常不关心在给定执行价格下的期权是看涨期权还是看跌期权。知道期权的净数量,他们就能或多或少地了解整个情况。

这是因为做市商和其他基于波动率交易的交易员的交易方式与其他交易员不同。他们的交易是 Delta 中性的。一旦他们的期权被对冲了,他们就只剩下非 Delta 风险需要管理。

当看涨或看跌期权失去其方向性特征时,它在功能上变得类似于其期权对的组成部分。具有相同执行价格的看跌期权和看涨期权是合成相关的。它们的相关关系创造了许多其他合成关系,从而形成了一个期权相互定价的框架。要理解合成关系,必须熟悉看跌 – 看涨期权平价关系式。

看跌 – 看涨期权平价关系式

看跌 – 看涨期权平价关系式是一个公式，它将同一标的资产在同一到期期限内具有相同执行价格的看跌期权和看涨期权的价值联系在一起。式（11-1）为派息股票的看跌 – 看涨期权平价关系式：

看涨期权价格 = 看跌期权价格 + 股票价格 – 执行价格 + 利息 – 股息（11-1）

这个等式表明，一旦将价值状态、利息和股息考虑在内，看跌 – 看涨期权对中的两个期权的外部价值是相等的[⊖]。期权的内在价值部分可以很容易地利用标的资产来对冲，并且没有波动率成分。因此，如果看涨期权和看跌期权的外在价值相等，那么得到正确对冲的看涨期权和看跌期权之间就没有功能上的区别。它们在合成关系上是完全相同的。

合成关系

看跌 – 看涨期权平价关系式可以扩展到几个合成关系。想象一下，哈里伯顿公司（HAL）的看跌 – 看涨期权对执行价格是 42 美元，标的股票的价格是 41.10 美元。希腊值如表 11-1 所示：

表　11-1

	执行价格为 42 美元的看涨期权	执行价格为 42 美元的看跌期权
Delta	0.441	−0.559
Gamma	0.088	0.088
Theta	0.023	0.022
Vega	0.053	0.053

请注意，除了 Delta 值外，两个期权具有几乎一模一样的希腊值。

⊖　其他因素也可能起作用，最重要的是行权方式。看跌 – 看涨期权平价关系式只适用于欧式期权。

（如果这些值的小数位数出现得较多，则可能会出现细微的差异。）这种微小的差异只有在非常大的头寸上才具有实质性的影响。无论出于何种意图，我们都可以假定 Delta 值之外的希腊值是相同的[⊖]。

由于 Delta 值是唯一的实质性差异，交易员可以通过在交易中增加股票头寸来巧妙地将看涨期权转换为看跌期权，反之亦然。例如，如果一名交易员买入一份执行价格为 42 美元的看涨期权并做空 100 股 HAL 股票，她头寸的希腊值如表 11-2 所示：

表　11-2

	买入执行价格为 42 美元的看涨期权并做空 100 股 HAL 股票
Delta	−0.559
Gamma	0.088
Theta	0.022
Vega	0.053[①]

① 原文为 0.53，疑似笔误。——译者注

−0.559 的 Delta 值是看涨期权多头 0.441 的 Delta 值与股票空头 1 Delta 值结合的结果。然而，加入股票头寸并不会改变交易的 Gamma 值、Theta 值或 Vega 值，由此产生的合成头寸风险敞口与看跌期权多头的风险敞口相同。因此，可以建立一种关系如式（11-2）所示：

$$\text{看涨期权多头 + 股票空头 = 合成看跌期权多头} \qquad (11\text{-}2)$$

事实上，类似的逻辑可以不加区别地应用于四个基本期权头寸：看涨期权多头、看涨期权空头、看跌期权多头和看跌期权空头。因此，四种基本的合成关系如式（11-3）至式（11-6）所示：

$$\text{看涨期权多头 + 股票空头 = 合成看跌期权多头} \qquad (11\text{-}3)$$

$$\text{看跌期权多头 + 股票多头 = 合成看涨期权多头} \qquad (11\text{-}4)$$

⊖ Theta 上的差异主要来自于利率。

$$看涨期权空头 + 股票多头 = 合成看跌期权空头 \qquad (11\text{-}5)$$

$$看跌期权空头 + 股票空头 = 合成看涨期权空头 \qquad (11\text{-}6)$$

此外，看跌 – 看涨期权对中的期权可以通过这样的方式组合在一起，从而产生一种希腊值与标的资产相同的头寸。如果交易者买入一个看涨期权，卖出一个看跌期权，那么由此产生的风险敞口如表 11-3 所示：

表　11-3

	买入一个看涨期权，卖出一个看跌期权
Delta	+1.000
Gamma	+0.000
Theta	−0.001
Vega	+0.000

无论从什么角度观察，这都是一个股票多头头寸，唯一的区别是出现了一个小的负 Theta 值。这是因为利用合成头寸持有股票多头，并不需要为购买股票而支付成本，因而有一个最初的利率优势。（同样，其他希腊值的小数也都四舍五入到了千分位。）

同样，卖出看涨期权并买入看跌期权将合成一个股票空头头寸。如式（11-7）与式（11-8）所式：

$$合成股票多头 = 看涨期权多头 + 看跌期权空头 \qquad (11\text{-}7)$$

$$合成股票空头 = 看涨期权空头 + 看跌期权多头 \qquad (11\text{-}8)$$

很明显，由于存在这些定义明确的关系，看跌 – 看涨期权对中期权的外在价值必须保持一致。如果看跌 – 看涨期权对中期权的时间价值不平衡，则可能存在套利机会。套利者的存在使这种机会很难存在很长时间。

其他合成关系

将看跌期权的价值与相对应的看涨期权价值（反之亦然）联系起来

是有帮助的。许多合成价差组合也可以通过使用期权来构建，包括合成看涨期权价差组合、看跌期权价差组合和跨式价差组合。

合成价差组合

就像看涨期权可以转换为看跌期权一样，看涨期权价差组合也可以转换为看跌期权价差组合。事实上，增加股票头寸并不是实现这一过程所必需的，只要对股票头寸如何与等式相适应有所了解就行。

看涨期权价差组合多头由有相同到期期限的看涨期权多头和执行价格较高的看涨期权空头组成。例如，一个 5 月 70-80 看涨期权价差组合多头，是指交易者做多 5 月到期、执行价格为 70 美元的看涨期权，做空 5 月到期、执行价格为 80 美元的看涨期权。每份看涨期权（70 美元的看涨期权多头和 80 美元的看涨期权空头）都可以转换为看跌期权合成头寸——对看涨期权多头执行卖空股票，对看涨期权空头执行买入股票。如果通过添加标的资产将每个看涨期权都转换为合成看跌期权，则股票空头和股票多头相互抵消，构成洗售交易（Wash Trade）。因此，看涨期权价差组合多头基本上等同于合成看跌期权价差组合空头，它们的风险几乎是一样的。

举例来说：

看涨期权价差组合与合成看跌期权价差组合

看涨期权价差组合加 股票头寸（洗售交易）	合成看跌期权价差组合
1 份 70 美元的看涨期权多头 ~~100 股股票空头~~ }	1 份合成 70 美元的看跌期权多头
=	
1 份 80 美元的看涨期权空头 ~~100 股股票多头~~ }	1 份合成 80 美元的看跌期权空头

合成跨式价差组合可以通过调整 Delta 对冲比例来构建。关于这一点，请参见第 14 章。

行权方式的考虑

美式期权并不直接遵循看跌 – 看涨期权平价关系式。当基于美式期权的定价模型生成看涨期权和看跌期权的价值时，这些价值在数学上受到提前行权可能性的影响。在某些情况下，在到期日之前实值程度较高的看跌期权或看涨期权很可能被行权。

例如，由于股息的原因，看涨期权提前行权可能更有利。看涨期权并不赋予其持有人收取股息的权利。做市商卖空股票对冲看涨期权多头，使 Delta 保持中性。做市商从卖空股票收到的资金上赚取卖空股票利息。因此，如果收到的股息大于卖空股票赚取的利息加上提前执行看涨期权而放弃的时间价值，看涨期权持有者将在除息日的前一天执行看涨期权，以将其变为股票多头头寸。

看跌期权也存在类似的情况，但是对于看跌期权的持有者来说，利息会促使他们提前执行期权。做市商购买股票，并为购买股票所用的资金支付利息（无论是实际利息还是机会成本），以对冲看跌期权。如果利息支出大于相应的虚值看涨期权价值，提前执行深度实值看跌期权可能会受益。为什么？交易者执行看跌期权，而不是持有看跌期权多头 – 股票多头组合，从而可以卖出产生持有成本负担的股票多头。如果交易者想要看跌期权和股票组合的风险敞口，他们可以通过买入看涨期权来创建合成头寸，而不需要支付因持有股票而产生的利息。

这些可能性被纳入美式期权定价模型。当距离到期还有很长时间时，这些影响可能会很大，使得简单的看跌－看涨期权平价关系式在数学上变得不可能。在临近到期日时，做市商更喜欢使用看跌－看涨期权平价关系式，因为此时利率不会对期权价值产生太大影响。尽管存在可能提前行权的影响，看跌－看涨期权平价关系式的概念仍然占据主导地位，合成关系总是存在。

利用合成关系进行交易

许多期权做市商使用合成关系作为做市的框架——特别是在商品期权中，因为商品期权不涉及股息，利息更是一个影响小得多的考虑因素。做市几乎都是在套利。在实践中，做市商使用合成关系进行看涨－看跌期权套利和价差组合套利。

如前几章所述，做市商投机性地等待交易。一些交易员主要就是等待看跌－看涨期权平价关系套利机会的出现。一个明显的例子是，当一个市场中间价订单出现时，形成一个合成看涨期权与看跌期权套利机会。

举例来说，想象一下，XYZ 的 8 月到期、执行价格为 60 美元的看涨期权的买价是 0.45 美元，随后，相应的看跌期权的卖价进入市场，使做市商能够以 0.43 美元的价格买入合成看涨期权。然后，做市商可以买入看跌期权和股票，并以看涨期权的买价卖出，构成转换（Conversion）组合头寸的一条腿，获得 2 美分的套利利润。

做市商为了锁定套利利润而进出更复杂的价差组合也很常见。例如，交易者买入并卖出具有相同到期月份、执行价格的看涨期权价差组合和看跌期权价差组合。由于存在合成关系，套利机会可能存在。许多做市商的主要精力都集中在这些套利交易上。具体来说，他们在"盒式"价差组合里进进出出。

盒式价差组合是指由看涨期权价差组合多头和看跌期权价差组合多头（盒式多头）或看涨期权价差空头和看跌期权价差组合空头（盒式空头）组成的价差。在这两种情况下，"盒式"的期权都具有相同的到期周期和执行价格。例如：

盒式多头

1 月到期、执行价格为 35 美元的看涨期权多头，1 月到期、执行价格为 40 美元的看涨期权空头（看涨期权价差组合多头）

1 月到期、执行价格为 35 美元的看跌期权空头，1 月到期、执行价格为 40 美元的看跌期权多头（看跌期权价差组合多头）

盒式空头

1 月到期、执行价格为 35 美元的看涨期权空头，1 月到期、执行价格为 40 美元的看涨期权多头（看涨期权价差组合空头）

1 月到期、执行价格为 35 美元的看跌期权多头，1 月到期、执行价格为 40 美元的看跌期权空头（看跌期权价差组合空头）

回想一下，看跌期权价差组合多头在合成关系上等同于看涨期权价差组合空头。如果交易者买入两者，构建了一个盒式价差组合——例如，买入 35-40 美元的看涨期权价差组合，买入 35-40 美元的看跌期权价差组合，交易者实际是在买入看涨期权价差，卖出合成看涨期权价差组合（几乎完全对冲了希腊值的风险）。如果可以以锁定套利利润的价格交易，投机者将交易两个价差组合，完成盒式价差组合的构建。

在盒式多头的例子中，交易者购买了（支付资金）两个价差组合。

对于看涨期权价差组合，交易者买入价值较高的执行价格为 35 美元的看涨期权并卖出执行价格为 40 美元的看涨期权，从而产生资金支付；同时，买入价值较高的执行价格为 40 美元的看跌期权并卖出执行价格为 35 美元的看跌期权。虽然这两个价差组合都需要支付资金，但它们在风险方面是合成抵消的，所以交易者需要计算盒式价差组合的价值来确定套利机会是否存在。一个盒式价差组合的理论价值应该是两个执行价格之差减去利息，并考虑股息和美式期权提前行权的影响。

在实际应用中，交易者也可以将这个交易视为两个合成股票头寸，一个多头，一个空头。在这个例子中，35 线是合成股票多头，40 线是合成股票空头。这为套利提供了不同的背景，或者迭代地组合了相同盒式价差组合的组成部分，提供了更多寻找套利机会的方法。

持平执行价格及相关风险

合成关系的一种常见应用是持平执行价格（有时被称为"转换掉"），以降低风险。如果交易者对于相关看涨期权多头持有相同数量的看跌期权空头（例如，持有 50 份执行价格为 35 美元的看跌期权空头，同时持有 50 份执行价格为 35 美元的看涨期权多头），则该交易者在该执行价格（35 美元）上持平。利用股票对冲后，所有希腊值将接近于零。这种价差组合产生了两种合成关系：转换组合和反转（Reversal）组合。

转换组合： 看涨期权空头加看跌期权多头加股票多头。

反转组合： 看涨期权多头加看跌期权空头加股票空头。

转换组合和反转组合都是低风险的期权策略，但它们仍存在一些不太容易被识别的风险：利率风险、提前执行风险和大头针风险（Pin Risk）。

利率风险

转换组合和反转组合的价值（以及所有合成组合的价值）取决于常利率。当利率变化时，转换组合和反转组合的价值需重新校准。这意味着，即使是执行价格持平（即持有转换组合或反转组合）的交易者也有利率风险。利率风险是用 Rho 值来识别的，即在利率发生变化的情况下期权价值的变化率。

提前执行风险

如果交易者持有转换组合、反转组合或盒式价差组合，头寸的相对持平程度取决于两个期权对彼此外在价值风险的对冲程度。如果期权空头碰巧被指派，而期权多头仍在交易者的持仓中，交易者将不再持平。交易者将要么持有合成看涨期权多头，要么持有合成看跌期权多头。

大头针风险

期权到期时，做市商（也可以说，所有交易者）除了日常的赚钱目标外，还有一个目标：避免大头针风险。大头针风险是指不知道期权空头是否会被指派的风险。当标的资产价格在到期时非常接近执行价格，并且交易员持有期权合约空头时，大头针风险就会发生。即使交易者执行价格持平，如果空头期权是恰好平值的或是略有虚值的，它们就存在被指派的风险。

大头针风险是一个问题，因为 Delta 中性交易者需要将 Delta 值维持在接近于零的水平。如果到期时标的股票价格恰好在执行价格上，交易员不知道交易的另一端（多头）是否会行权。因此，他们不知道自己的期权是将成为 100 股股票（100 个 Delta）还是 0 股股票（0 个 Delta）。这种不确定性可能会让原本是 Delta 中性的做市商背负巨大的 Delta 增量，也就是巨大的风险。

想象一下，一名交易者持有 50 份执行价格为 35 美元的看涨期权，星期五到期时，钟声响起，标的股票交易价格恰好是每股 35 美元。看涨期权会被指派吗？如果不被指派结果会是什么？希望 Delta 持平的交易者需要知道结果，这样他们才能知道应该持有多少股票进行对冲。

如果标的股票的交易价格为 34.98 美元，看涨期权虚值 2 美分，情况会怎样？ OCC 不会自动对这些看涨期权行权，但拥有它们的交易者却可能选择对它们行权。

作为做市商，我曾经多次对略有虚值的看涨期权行权。如果我的持仓在星期五到期交易结束时不完全是 Delta 中性的，我有时会行权一些略微虚值的看涨期权或看跌期权，以使我头寸的 Delta 值为零。这本质上就像是比市场价差几美分买卖股票。这是一个很小的成本，可以最大限度地减少 Delta 风险，以免在下周一出现跳空缺口时损失惨重。

使 Delta 持平的另一个到期日技巧是不执行平值期权或略有实值的期权。在这里，交易者放弃了以略好于市场价格的价格买入或卖出的机会，但前提是他们放弃一点好处，能降低隔夜（隔周末）的 Delta 风险。

交易者也可能会因为与标的股票相关的盘后新闻而执行虚值期权（或不执行实值期权）。比如，就在到期日的星期五收盘后，一家公司宣布了非常利多或利空的消息。交易者可能会选择分别执行略有虚值的看涨期权或看跌期权（或者放弃执行实值期权），为周一早上开盘可以预期的 Delta 缺口建立头寸。

大头针风险与执行价格的引力作用

交易界和学术界普遍认为，标的股票价格在星期五到期时收盘价接近期权执行价格的可能性比统计数据所显示的要高。因此，大头针风险在某种程度上是一个比人们可能认为的（比统计上应该出现的）更大的问题。期权到期时，执行价格的引力作用是聪明的交易者所需要意识到的一个重要的统计情况。

然而，围绕这一现象存在许多业余理论，坦率地说，这些理论是有些荒谬的。一种理论认为，正是市场操纵者出于某种阴谋论的原因迫使股票价格在到期时接近期权执行价格；另一种愚蠢的理论是，市场价格不知何故会趋向于给某类交易者带来"最大痛苦"的位置。事实上，期权平值到期并不是那么神秘，这仅仅与做市商试图规避 Delta 风险有关。

当做市商的头寸有正 Gamma 时，他们经常利用标的股票对冲，以锁定利润，并重新保持 Delta 中性。这就是所谓的"Gamma 剥头皮策略"（Gamma Scalping）。当股票价格接近做市商持有的多头期权执行价格时，Gamma 在星期五到期时是最高的，相应的 Gamma 剥头皮策略是最多的。事实上，在星期五到期交易快结束时，由于持有正 Gamma，做市商对标的资产的买卖可能会很频繁，因为做市商努力做到以持平的 Delta 收盘。

Gamma 剥头皮策略举例

想象一下，做市商在星期五到期当天接近尾盘时，在特定的执行价格上拥有期权多头，而标的股票价格仅略高于执行价格。如果股价跌至执行价格水平以下，做市商将需要买入股票进行对冲。为什么？因为，如果多头期权是看涨期权，那么当股价跌至执行价格水平以下时，看涨期权就变成虚值期权了。由于它们很快就会到期，所以作为对冲而持有的股票空头都必须回购回来。如果多头期权是看跌期权，那么当股价低于执行价格时，它们就变成了实值期权。这意味着做市商需要买入股票来对冲，因为当看跌期权被执行时，它们将产生必须被对冲的股票空头头寸。无论哪种情况，当股价跌至执行价格水平以下时，做市商都必须买入股票。

如果股价随后回升至执行价格上方，做市商则必须卖出股票。为什么？多头看涨期权将再次成为实值期权，如果行权，看涨期权多头将成为股票多头。因此，做市商将需要做空股票来对冲。多头看跌期权将变成虚值期权，即将无价值地到期。因此，为对冲这部分曾是实值的看跌期权而持有的股票需要被卖出。

再次强调，做市商交易要保持 Delta 中性。他们进行这些对冲交易，只是为了避免承担不必要的（和不负责任的）风险。此外，他们的期权多头价值正在迅速衰减。他们需要执行 Gamma 剥头皮策略买卖大量股票，才能弥补星期五到期时的天量 Theta 值。他们需要剥头皮策略才能维持平衡。

做市商为维持头寸中性进行 Gamma 剥头皮策略，而出现的这一常规操作的供需效应，是迫使股价在统计上趋向执行价格的原因。做市商可能持有相对较大的头寸。例如，对我来说，来回交易 20 000 或 30 000 股股票并不少见，有时甚至在星期五到期时，在一只标的股票上的交易就多达 50 000 股，而且我并非个例。有 8 个做市商交易员当时就站在我旁边，做着同样的事情。所有低于执行价格的买盘都迫使该股股价走高，所有高于执行价格的卖盘都迫使该股股价走低。最终，做市商对多头期权的对冲使锁定执行价格成为一种自我实现的预言。

关于合成关系你还需要知道的事情

专业交易者一直在利用合成关系中的价格差异获利。有抱负的交易员必须掌握合成关系。在我还是一名交易员助理时，我的一位导师经常会问这样的问题："我在看跌期权上付了 57，看涨期权的价格应该是多少？"作为一名交易员，这种计算是我的第二天性。我一直在思考，如果我做了看跌期权交易，我在看涨期权上应该做什么（反之，如果我做了看涨期权交易，我在看跌期权上应该做什么）。这就是做市商赚钱的方式。

然而，待在家里的交易者没有以买价买入和以卖价卖出的好处。他们很难利用规模很小的合成套利机会获利。尽管如此，他们必须理解这些合成关系。理解合成关系是理解期权的核心。

出于许多原因，非专业交易者需要了解合成关系。首先，它帮助他们更好地管理交易。例如，如果交易者持有标的资产并一对一持有看跌期权，那么交易者需要像做多看涨期权一样管理头寸；如果交易者发现由于标的资产价格变动，产生资金支付的虚值看涨期权价差组合变为实值，他就需要像管理产生资金流入的虚值看跌期权价差组合一样管理这个头寸。

如果交易员了解合成关系，他们可以更好地进行交易。例如，在许多情况下，交易员可能会更好地构建一个铁鹰式价差组合（均由虚值期权组成），而不是直接交易看涨期权（或看跌期权）鹰式价差组合（由一些实值期权和一些虚值期权组成）。由于具有相同的执行价格，它们在合成关系的视角下是相同的，但虚值期权通常会有更窄的市场价差，进而拥有较小的滑点。持有相似的合成头寸，也会带来保证金优势。例如，Reg-T 规则要求，交易配对看跌期权（即股票多头加上看跌期权多头）的保证金要高于看涨期权多头，即使它们在合成关系上是相等的。为了在交易执行上取得更好的结果，了解流动性提供者的想法也是很有帮助的。

第 12 章

到期交易

提高增益

电吉他诞生的那一天，音乐世界被永远地改变了。自该乐器发明以来，音乐一直在不断地发展。电吉他的使用使无数音调和有创造性的声音出现，但电吉他最知名的标志性声音之一是失真。

失真是一种吉他效果，几乎被用于当代音乐的所有流派——从古典摇滚到爵士乐，再到重金属音乐，再到悦耳的朋克音乐等。失真是由于过度驱动电吉他信号引起的，产生的削波实际上扭曲了输入信号，创造出温暖、模糊，甚至沙哑的声音（想想吉米·亨德里克斯）。如今，大多数音乐家将他们的电吉他接入一个"效果踏板"，以产生所需的失真声音。

失真最初是自然而然地被发现的。当管放大器的增益（gain）调得太高时，信号会被过度驱动，导致被截断，从而造成电吉他信号的自然失真。它仍然是那个乐器，仍然演奏着同样的音符，但声音有了很大的不同——更极端。

在到期周交易期权有点像在扩音器上把增益调高来弹电吉他。还是同样的乐器，但交易者要抓紧了，准备摇滚。到期周的期权处于全面超速状态，在对价格变化和时间衰减的反应方面要极端得多。

期权希腊值和期权生命周期

为了了解期权在最后一周的独特特征，交易员必须了解期权希腊值随着时间的推移所经历的变化。期权希腊值展示了一个期权价格随着影响因素变化而变化的多方面快照。

时间是一个极其重要的价格影响因素，它改变了期权敞口的希腊值构成。时间以统一的、可预测的方式变化。每过一天，期权就离到期日近一天。随着期权到期日的临近，每个希腊值都在慢慢失去期权性，因为期权变得越来越接近非期权（将转换成股票或无价值到期）。

在期权临近到期日时，希腊值是一门不精确的科学。虽然在概念上 Theta 值、Gamma 值和 Vega 值在期权即将到期时发挥的作用都是一样的，但它们的量化效果却变得模糊不清。让我们从概念上考察临近到期日时的期权希腊值，然后分析一个例子。

Theta

一般而言，由于存在波动率，期权具有外在价值。由于未来波动率存在不确定性，期权交易和价格随之波动。然而，期权在其到期时变得确定，在这一时点上，波动率不再具有影响。到期时，实值期权由于行权或指派而成为股票；如果是虚值期权，它们就会无价值到期。在那一时点上，基于预期波动率（和行权的权利）的期权价值被完全耗尽。这就是时间衰减的本质，时间衰减是用 Theta 值来衡量的。

实值期权、平值期权和虚值期权具有不同的不确定性特征。因此，它们的 Theta 值是不同的，而且这种差异与日俱增。随着到期日的临近，接近平值的期权的 Theta 值增加。换句话说，这些期权正加速失去它们的外在价值。与接近平值的期权相比，实值期权和虚值期权以相对更稳定的速度失去其外在价值。随着时间的推移，它们的 Theta 值几乎保持不变。

让我们以虚值期权为例考虑时间衰减。例如，如果一只股票的价格是每股 30.50 美元（比方说，距离期权到期还有 45 天），执行价格为 32 美元的看涨期权仍具有一定的价值。为什么？因为在接下来的 45 天里，该股票的交易价格可能会超过每股 32 美元。事实上，它的交易价格可能会高得多。

也许还有 45 天就到期的执行价格为 32 美元的看涨期权的价值是 0.90 美元。但快进到到期日，想象一下该股票价格如果仍在 30.50 美元，在较短的时间内，股票到期前交易价格变动到 32 美元以上的可能性将怎么变化？它的可能性将变得小得多。为什么？很简单，发生这种变动的时间区间更短了。因此，由于波动的可能性变小，期权的价值也会减小。随着时间的推移，期权价值会变得越来越小。

类似的逻辑也适用于实值期权。它们的外在价值实际上是它们未来有价值还是没有价值的不确定性。其内在价值只随标的资产价格变化而变化，不受时间的影响。随着时间的推移，关于未来价格走势的不确定性会降低。

在与上例类似的例子中，将距离到期还有 45 天的执行价格为 29 美元的看涨期权与距离到期只有 1 天的执行价格为 29 美元的看涨期权相比，两者的标的资产是同一只价格为 30.50 美元的股票。当然，距离到期只有 1 天的实值期权有更大的机会保持实值，没有太多时间让事情发生变化。因此，到期时间越短，期权外在价值越小，这就是时间衰减的作用。

平值或接近平值的期权对波动性最敏感，只要它们保持接近平值的状态，时间衰减就会一直发挥作用，这类期权就会保持这种状态直到到期。因此，它们具有最大的外在价值，而且它们很好地保留了这种价值。到期时恰好是平值的期权仍然存在不确定性，不确定它们最终是否具有（内在）价值。对于接近平值的期权而言，绝大多数外在价值在最后一周都会消失，并在期权到期最后一天完全消失。在期权生命周期的最后一周，Theta 值的增长速度是呈指数级的且影响较大，并在最后一个交易日达到最高。

Gamma

如果 Theta 值受到时间流逝的影响，Gamma 值必然也会受到影响。毕竟，Theta 值是交易员为正 Gamma 值而支付的费用，或者说是他们承担负 Gamma 值的风险而获得的补偿。随着到期日的临近，接近平值的期权的 Theta 值大幅增长，Gamma 值也是如此。

如果临近到期的是实值期权的话，可以更好地对 Gamma 进行概念化。Gamma 是 Delta 相对于标的资产价格变化的变化率。Delta 是期权价值相对于标的资产价格变化的变动率。Delta 值也可以被认为是期权在多大程度上类似于标的资产。例如，Delta 值为 25 的看涨期权价格变化幅度是标的资产价格变化的 25%。但还有另一种方式来看待 Delta。

专业交易者将 Delta 值视为期权以实值状态到期的可能性。尽管这在数学上并不完全准确，但它是一个有用的、近似的经验法则。场内经纪助理从第一天起就学会了这条规则。

事实上，Delta一词是期权圈深奥行话中的一个常见术语，在交易大厅里被使用过，现在的专业交易者仍在使用，即使他们在谈论期权之外的事物时也会用到它。交易员和场内经纪助理在日常交谈中会使用Delta的概念来形容某事的赔率。"嘿，帕斯，关于弗兰克今天还穿着他的粉色衬衫一事，你的Delta是……"或者，"我有90的Delta认为，我的场内经纪助理会搞砸我的午餐订单"，或者，"关于史蒂夫的父母是近亲这件事，你认为Delta是多少？"Delta适用于任何事情，真的。这是专业交易者许多晦涩难懂的俗语之一。

因此，如果Gamma是Delta的变化率，那么扩展开来，Gamma可以被认为是期权到期时是实值可能性的变化率。当然，时间会影响这一指标。让我们回顾一下前面的例子，再想一想，基于价格为30.50美元股票的执行价格为32美元的看涨期权，如果距离到期还有45天，它的Delta值可能为35（即，估计有35%的可能性实值到期）。但如果距离到期只有1天的话，看涨期权将有接近于零的Delta值（几乎没有实值到期的可能性）。在正常情况下，一天内出现近5%的价格波动已经不是一个合理的预期了。

无论是从心理上还是从Delta值的角度来看，随着时间的推移，期权基本上都会变得相对更加实值或更加虚值——所有其他因素都保持不变的情况下。从心理上讲，在距离到期还有45天的时候，执行价格为32美元的看涨期权看起来并不是太虚值。但如果距离到期只有几个小时了，看涨期权则看上去非常虚值。因此从心理上讲，期权的价值状态是相对的。Delta值的变化（由时间流逝引起）与心理变化相似。

随着到期日的临近，所有Delta值（正好是平值期权的除外）都越来越接近 100 或 0。或者说，它们都变得倾向于 100% 像股票一样变动（当然，如果它们在到期时是实值的，期权很可能会被行权和指派，并被转换为股票头寸），或者根本不随股票价格一起变动（如果它们在到期时是虚值的，它们将无价值到期，并且不会被转换为股票）。

平值期权的 Delta 值一直保持在 50 左右，直到到期。平值期权的 Delta 值具有最大的不确定性，也就是成为股票或无价值到期各有 50% 的可能性（50 的 Delta 值）。执行价格所对应的价格是一个重要的价格点。

在到期日，对于平值期权而言，Delta 值会随着标的资产价格的变动而快速变化。同样，在到期时，期权要么变为股票，要么不会变为股票（100 个 Delta 或 0 个 Delta）。期权是被自动行权的（因此，即便它们只有 1 美分的实值，也会被指派）。因此，在到期日临近收盘时，如果标的资产价格变动 1 美分使期权变为实值，Delta 值可能变成 100；如果标的资产价格变动 1 美分使期权恰好变为平值，Delta 值可能变成 50；如果标的资产价格变动 1 美分使期权变为虚值，Delta 值可能变成 0。

在到期日的最后几分钟，平值期权的 Delta 值对标的资产价格的变动最敏感。换句话说，它们拥有最高的 Gamma 值。事实上，随着到期日的临近，平值期权的 Gamma 值以极快的速度增加，就像 Theta 值一样。

在接近到期时，实值期权和虚值期权具有非常小的 Gamma 值。以执行价格为 32 美元的看涨期权为例，如果其在到期前一天的虚值程度为 1.50 美元，股票价格上涨或下跌 50 美分，Delta 值将仍在零附近。也就是说，它没有 Gamma 效应，因为它不太可能会改变其价值状态。但在到期周内，如果标的资产价格朝着或远离平值的方向变化，Gamma 值可能会发生巨大变动。

在这种情况下，相对价值状态既是心理上的，也是数学上的。随着到期日的临近，接近平值的期权的 Gamma 值变得非常大，但随着期权性的减弱，实值期权和虚值期权的 Gamma 值会出现缩减。

Vega

随着到期日的临近，波动率逐渐失去其相关性，Vega 值自然会变得更小。事实上，波动率指标不能在到期前的最后几天使用。许多交易员对外在价值的衡量转向了比平价关系更纯粹的美元和美分，而不再考虑 Vega 值。在到期周使用模型生成理论价值的交易员，必须使用比平时输入模型中的隐含波动率高很多或低很多的值，以充分考虑其对期权价格的影响。

例如，在离到期还有两个月的情况下，期权的 Vega 值可能是 10 美分。为了提高 5 美分的理论价值（以及相应的买价和卖价），做市商必须将他们输入的波动率变量提高 0.5 个百分点。同样的期权，在所有其他因素（模型输入）保持不变的情况下，随着到期日的临近，可能会有 0.5 美分的 Vega 值。在这种情况下，要提高 5 美分的理论价值，做市商需要将波动率提高 10 个百分点。

然而，在到期前的最后一两天里，交易员往往会完全放弃理论模型。实值期权和虚值期权的时间价值变为零，平值期权外在价值所需考虑的唯一因素只有执行价格。不再按惯例使用理论价值（基于波动率），做市商转而使用看跌 – 看涨期权平价关系式来判断期权对（仅指同时到期的两个相关期权）的外在价值。

示例：到期日的 SBC 期权

几年前，我是 SBC 通信公司（SBC Communications，现在的美国电话电报公司）的做市商。在 12 月一个平淡无奇的到期口，我交易了 25 400 股 SBC 股票（价值约 100 万美元），但我没有持有方向性的头寸。作为一名期权做市商，我几乎从来没有持有过方向性头寸。我执行股票交易只是为了对冲期权交易或对冲因持有头寸 Gamma 值变化而产生的 Delta。

在那个到期日开始的时候，我持有一个规模非常小的 12 月到期的头寸。该股票价格于周四收于 39.75 美元，使 40 美元成为平值期权的执行价格。这些期权的执行价格间距为 5 美元。因此，唯一交易较为活跃的 12 月到期的期权是执行价格为 40 美元的期权，因为 35 美元和 45 美元距足够远，已经失去了相关性（从而失去了外在价值）。虽然我既有实值头寸，也有虚值头寸，但它们与我的交易无关。在当天开始的时候，我只有 24 份执行价格为 40 美元的期权净多头（63 份看涨期权空头和 87 份看跌期权多头）。那一天，我几乎没有交易任何非 12 月到期的期权。我交易的所有股票几乎都是为了平掉我当天开始时持有的 12 月到期的期权头寸和当天交易期权头寸所产生的 Delta 值。

我的到期日游戏计划：对冲 Gamma、日间交易与大头针风险

回到那一天，刚开始的时候我的计划是（与以往的到期日一样）平掉平值期权头寸。理想的情况是，交易结束时，我既没有持有看涨期权，也没有持有看跌期权。或者是交易结束时，我在该执行价格上持有转换组合或反转组合。如果该股票在到期时价格正好收在该执行价格上，那么第二种情况就不够好了。期权空头意味着大头针风险，期权多头意味着浪费期权权利金。

我有两种方式，而且只有两种方式，能了结这些期权头寸：与公众交易或与其他做市商交易。与公众交易是理想的选择，因为我可以以买

价买入或以卖价卖出（即获得定价优势）。但是，交易池里的每个交易员都想在当天了结执行价格为 40 美元的 SBC 期权。所以，竞争非常激烈。确保能获得经纪商发来的订单的唯一方法是率先做出反应。在到期日，所有做市商都必须比平时更加警醒，交易大厅就像是通过通风口注入了肾上腺素一样。

因此，我们必须做到抓紧时间与耐心等待。我们要等待订单进入交易池或以电子方式进行交易，并希望这些订单能够了结掉手中的头寸。我们为了获得额外的定价优势（买卖价差），也很乐意增加头寸。当谈到获得定价优势时，做市商就不能自制，因为这就是他们所做的事情。事实上，那天我买入并卖出了很多执行价格为 40 美元的看涨期权和看跌期权。我在减少执行价格为 40 美元的期权头寸的同时获得了定价优势，实现了双赢。

我一整天都在转换组合和反转组合的各条腿中买入卖出。如果看涨期权是虚值的，那我就以 0.10 美元（比如）的价格买入看涨期权，在对冲时，我会尝试以高于平价关系的 0.10 美元的价格卖出看跌期权。这样我就建立了一个锁定盈利的反转组合。同样，我也会卖出看涨期权并买入看跌期权，以从建立的转换组合中获利。

但到距离收盘还有不到 5 分钟时，我们做市商通常会尝试与其他碰巧持有相反头寸的做市商进行交易。那一天，我持有看涨期权空头和看跌期权多头。由于我进行了对冲，因此我持有转换组合（看涨期权空头、看跌期权多头和股票多头）。我寻找着交易池中的另一位做市商，希望他恰好持有反转组合（理想情况下）或跨式价差组合的多头或空头，这样我们就能相互平掉一条腿。

问题在于，做市商之间的头寸往往相似。如果一个做市商持有看涨期权多头，那么其他做市商也很有可能持有看涨期权多头。因此，做市商之间进行交易的机会并不总是存在。当两个做市商之间相互交易时，通常是公平价值交易——他们中的任何一个都不愿意给对方定价优势。相互抵消头寸通常是做市商之间进行交易的唯一方式。

12月的那一天执行价格为40美元的期权出现了戏剧性的场面。SBC的交易价格在40美元上下波动，这让交易员担心是否会出现大头针风险。最后，SBC当天收于39.30美元，距离执行价格足够远，因此交易员不用担心执行价格为40美元的期权空头会被指派，也就是说，没有大头针风险。尽管如此，所有资深做市商当天都在努力工作以了结执行价格附近的头寸。

到收盘时，我已经把我的40线持仓从63份看涨期权空头和87份看跌期权多头减少到36份看涨期权空头和39份看跌期权多头。这是多次进行小笔交易（每次交易10份或更少）的结果，希望并努力抵消累积头寸，但偶尔也有几笔规模较大的交易。

期权日变形

在期权到期那天，像往常一样，巨大的变化发生了。在12月的这个特殊到期周，看涨期权和看跌期权在周四都以0.15美元的外在价值收盘。当然，到周五收盘时，每个期权的外在价值都为零。这意味着那天的Theta值是0.15。我们的理论模型计算出来的Theta值应该是什么已经不重要了。开盘时的时间价值为0.15美元，结束时将变为0美元。Theta值不可能是其他任何值。

我们不能像往常那样将这一天从模型中扣除出去。这将瞬间将我们包含0.15美元的时间价值的理论价值变为平价。我们不得不逐步降低买价和卖价来手动从权利金中把它扣除出去。当时，SBC期权交易的最

小变动价位是 5 美分。因此，虚值期权的报价将从 0.1 美元的买价、0.2
美元的卖价变为 0.05 美元的买价、0.15 美元的卖价，再变为没有买价、
只有 0.05 美元的卖价。

　　此外，我从该交易日一开始就利用 Delta 值来对冲我 12 月到期的
期权交易（部分是根据模型，部分是根据估计）。交易日结束时，我的
实值期权大概是 1 个 Delta，虚值期权 Delta 值接近于 0。开始时，我有
24 份期权净多头，我以正 Gamma 值开始了一天的交易。因为股票价格
在执行价格的两端变来变去，所以我在股价低于执行价格时买入股票，
高于执行价格时卖出股票。从理论上讲，我那天应该在 SBC 上获得了
可观的交易利润，我确实也做到了。

　　然而，我为对冲 Gamma 买入或卖出的股票数量多少有点主观。如
果我是在估算 Delta 值，那么我肯定也在估算 Gamma 值。到一天结束
时，我只有 3 份期权净多头。在执行价格下方，我需要做多 300 股股
票，来对冲 40 线期权的 Delta；在执行价格上方，我需要做空 300 股股
票，来对冲那些期权的 Delta。可能最好的情况就是，股票价格在执行
价格附近来回震荡。为了保持 Delta 中性，我只能执行剥头皮策略。

最后交易日

　　Theta 和 Gamma 使到期周的交易与期权生命周期中其他时候的交
易有很大不同。虚值期权非常便宜，但由于 Gamma 的存在，如果标的
股票价格出现足够大的波动，它们就可以成为有望盈利的期权。这是一
个二元结果：期权可能无价值到期，也可能成为拥有 100 个 Delta 的股
票头寸。如果交易者想要保持 Delta 中性，最好对其进行对冲。

　　波动率和 Vega 是无关紧要的。在交易日结束时，权利金将变为零。当天的波动率是多少，或者需要多少个 Vega 才能提高或降低一定的期权价格都无关紧要了。但只有在最后一天的交易中，波动率才不重要。

　　期权到期时，所有相关交易都会从交易员的交易列表上消失。在这些期权上赚到的钱或损失的钱都会最终确定下来。这是一个令人兴奋和活跃的时间，也通常是一个月中成交量最大的日子之一。

第 13 章

以胜算为生

每笔交易中的波动率

以专业人士的身份开始交易生涯的一个好处是，你有专业交易者的支持。在我的交易生涯中，我和我的交易伙伴们经常互相交流想法。这在许多方面被证明是无价的。事实上，它增长了我作为交易员的专业知识，也使我结交了一些极好的朋友。

一位同事教了我很多关于技术分析的知识，但遗憾的是，他使用技术分析的嗜好成了他做市职业生涯的祸根。

有直觉，赌一把

一天早上开盘前，这位做市商同行走到我面前，他看起来相当心烦意乱。我问他怎么回事。他解释说，他一直在分析他交易池里一只股票的技术指标。"这是一个完美的安排。"他说。他接着解释了所有的图形、交叉、参数设置以及保证交易的一切。

在听了交易安排的细节后，我问发生了什么。他告诉我，他买了几百份看涨期权，但却没有对冲。

"然后呢？"我问道。

"股价上涨了 10 美元，就像我想象的那样！"他说，"昨天，我在一个跳空开盘上赚了 25 万美元。"

"那么，有什么问题呢？"我问。

他的回答是："鲍勃（我们的风险管理经理）说，如果我再这样做，他会解雇我！"

鲍勃（以及所有有经验的风险管理专业人士）知道，做市商不做赌股价变动方向或"Delta 赌注"的业务。他们主要从事统计套利业务，其次是波动率交易业务。他们肯定不从事方向性交易业务。

每个人都喜欢丰厚的暴利，一下子获利 25 万美元是不容小觑的。但像刚才提到的那种投机性交易也可能走向另一条路。如果直觉是错的，那交易者就赌输了。

波动率：真正的商品

作为一家期权做市商，赌 Delta 的问题在于，Delta 的风险通常比与波动率相关的风险大得多。此外，很难（有些学者或许会辩称，这是不可能的）在任何程度的统计意义上准确预测一只股票的价格走向。但是，波动率的可预测性可以说要好得多。例如，波动率随着发布财务报表日期的临近而上升，并在财务报表发布后下降的模式，经常可以在许多期权类别中被系统地观察到，它就像钟表一样有规律。

做市商对冲期权交易，以消除随意的方向性风险，留下 Vega（隐含波动率）和 Gamma/Theta（已实现波动率）两种波动率风险。事实上，做市商通常也倾向于消除波动率风险，只采用类似套利的操作，即以买价买，以卖价卖，每日交易后都没有风险头寸。然而，风险头寸通常不能完全消除，因为并不是每个单独的期权都有足够的流动性来进行日内交易，以保证每天结束时任何系列都没有风险头寸。因此，期权必须构建价差组合，以减少 Vega、Gamma 和 Theta 的影响。

只有当交易员使用波动率框架交易同一类别的期权时，这种系统性风险缓解的框架才可能实现，其方式是在同一类别内将一个期权的波动率风险与另一个期权的波动率风险进行对比。波动率是一种共性，它将特定类别中的所有期权联系在一起，本质上成为一种可交易的商品。

模型、理论、价差组合和胜算

如果两个期权在其他方面都是相同的，只要它们的执行价格和到期月份不同，那么在数学上就可以在期权定价模型的帮助下，根据一个期权的价值计算出另一个期权的价值。期权定价模型根据估值输入变量（例如标的资产价格、到期时间、利率和波动率）计算期权价值。

我们首先假设两个特定期权之间唯一可辨别的差异是执行价格（假设其他估值输入变量都相同）。我们使用期权定价计算器来生成每个期权的理论价值。首先我们对第一个期权进行建模，使其理论价值保持在买卖价差之间。其次，只改变模型中的执行价格输入，以产生具有不同执行价格的可比期权价值。同样的方法也适用于更改到期月份并保持其他输入变量不变。

因为一个期权的价值可以从另一个期权的价值中推导出来，当期权价值与模型产生的理论价值不一致时，套利者可以利用这个机会获利。这种价值是通过构建价差组合来获得的。让我们来看一个基本的例子。

基本的例子⊖

想象一下，对于一个特定的期权系列，执行价格为 65 美元的看涨期权买价为 2.30 美元，卖价为 2.40 美元。因此，交易员会在期权定价计算器中输入相关变量值，得到 2.35 美元的理论价值——就在买价和卖价的中间。在本例中，得到此理论价值所需的变量输入为：

股票价格	65 美元
执行价格	65 美元
剩余到期日	46 天
利率	1%
股息	无
波动率	25

在这个例子中，要计算同一期权类别中的另一个期权的价值，交易者只须更改模型中的单个值。为了根据相同的变量输入来计算执行价格为 70 美元的看涨期权价值，交易者只须改变执行价格。因此，变量输入应为：

股票价格	65 美元
执行价格	70 美元
剩余到期日	46 天
利率	1%
股息	无
波动率	25

⊖　假设不存在波动率倾斜。

使用执行价格为 70 美元的看涨期权的变量输入（与执行价格为 65 美元的看涨期权的变量输入相同，当然，除了执行价格）进行计算，将得到 0.70 美元的理论价值。

通过这种方式，交易者可以使用相对期权价格来构建价差组合，以寻找有价值的交易。在本例中，价差组合的理论模型价值为 1.65 美元（即 2.35 美元减去 0.70 美元）。

设想这样一个情况，执行价格为 65 美元的看涨期权以理论价值 2.35 美元的价格出现在市场中，而执行价格为 70 美元的看涨期权的买价为 0.75 美元。交易员可以通过买入执行价格为 65 美元的看涨期权，卖出执行价格为 70 美元的看涨期权构建价差组合，从而获得正的理论价值或胜算。然后，价差组合双腿交易将是：

	交易	价值
（买）65 美元的看涨期权	2.35 美元	2.35 美元
（卖）70 美元的看涨期权	0.75 美元	0.70 美元
价差组合	1.60 美元（支出）	1.65 美元

由于价差组合估值为 1.65 美元，交易者理论上每份合约获利 5 美分。除了以有利的价格锁定价差组合获利外，交易者还实现了降低风险的目标，因为价差组合的风险比双腿中的任何一条单腿都要小。

这个例子是这个过程如何生效的一个非常“散户化”的视角，但与做市商模式相差不大，主要区别在于模型交互与波动率倾斜。

做市商定价、胜算和表格

散户有时间使用期权计算器，计算一次一种期权的理论价值，但做市商和其他活跃的专业交易者没有这个时间。做市商必须（凭借人力或自动）观察他们交易的所有期权的市场价格。因为他们彼此之间是直接竞争的，所以他们需要能够快速获得信息。因此，交易员必须预先生成理论价值，以便可以快速、轻松地进行参考。

准备此类信息的更古老也有些过时的方法是让交易员在每天早上开盘前运行"交易表格"（或简称"表格"）。交易表格是纸质的，信纸大小或常规尺寸，满是期权价值的矩阵，通常是随执行价格上下波动、标的资产价格变化而变化的期权价值。

表 13-1 是做市商交易表格的典型例子。一般来说，看涨期权价值在左侧，看跌期权价值在右侧。例如，当标的股票价格为 41.50 美元时，执行价格为 45 美元的看涨期权的价值为 0.66 美元，看跌期权的价值为 4.07 美元。

表 13-1　做市商交易表格举例　　　　　　　（单位：美元）

执行价格	标的股票价格			
	41.00	41.50	42.00	42.50
30	11.06—0	11.56—0	12.06—0	12.56—0
35	6.22—0.15	6.69—0.12	7.1—0.09	7.64—0.07
40	2.40—1.31	2.74—1.14	3.05—0.97	3.41—0.83
45	0.54—4.45	0.66—4.07	0.80—3.7	0.95—3.36
50	0.07—8.97	0.09—8.49	0.11—8.02	0.13—7.56

这只是交易员实际使用的各种交易表格的一个简单例子。交易表格上还可能有什么？首先，会有更多的信息。通常，每个期权的 Delta 值将被包括在内，以较小的字体显示在每个期权理论价值的下方。表格中还会有其他信息，包括每个执行价格对应的希腊值，以及价差组合相关

计算。每个执行价格对应的期权价值将考虑垂直倾斜[⊖]，以其独特的波动率水平进行计算。每个执行价格对应的波动率信息也可能被显示出来。

交易表格中还会有更多的价格信息。一张完整的交易表格将充分考虑交易日内标的资产价格相较于前一日收盘价有几美元的变化。期权类别内可供交易的所有执行价格数据也将出现在表格中。此外，每个交易月将使用不同的交易表格。场内经纪助理要将所有数据矩阵在交易时间内传递给交易员。如果波动率发生变化，或者当期权价值因期权盘中出现的 Theta 变化时，场内经纪助理将不得不报废旧的交易表格，并送来一套全新的交易表格。

所有这些工作的目标都是帮助交易员以低于理论价值的价格买入，以高于理论价值的价格卖出。就像公开喊价交易一样，经纪商会要求有一个市场价格，做市商因此会报出低于他们"交易表格"中理论价值的买价或高于理论价值的卖价作为回应。例如，经纪商可能会喊出"5 月 40 看涨期权的价格是多少"。然后，所有相互竞争的做市商都会看看标的资产价格在哪里，然后在交易表格中查看与标的资产价格对应的列（如果股票价格不是恰好等于标识出的以 50 美分为间距的价格，则根据 Delta 进行调整），再找到执行价格为 40 美元的看涨期权的那一行。在本例中，每股 41 美元的标的股票价格，执行价格为 40 美元的看涨期权的理论价值为 2.40 美元。交易员可能会在市场上报出 2.35 美元的买价、2.45 美元的卖价进行做市。

如今，随着轻薄触摸屏笔记本电脑和平板电脑的出现，交易员通常会携带一台电脑而不是交易表格来查看期权价值矩阵。电脑的优势在

⊖　垂直倾斜（Vertical Skew），是指具有相同到期日的期权合约的不同执行价格的波动率倾斜。——译者注

于，随着标的股票价格的变化，期权价值可以自动更新。此外，交易员可以改变相应数值，以反映波动率、波动率倾斜、到期天数等方面的变化，而不必制作新的交易表格。一些应用程序为交易员计算复杂价差组合的速度比手动计算要快得多。

交易动态波动率

无论是纸质的还是电子的，价差组合的还是单腿交易的，这个游戏的核心就是要在理论价值之下买入，在理论价值之上卖出。理论价值取决于固定的波动率，但问题是，波动率并不是固定的。它随着供求关系的变化而动态变化。当波动率变化时，交易员必须改变他们的波动率假设，以反映市场的变化。

波动率交易举例

例如，交易员波莱特的执行价格为 40 美元的看涨期权，估值为 2.40 美元，标的股票价格为 41 美元。考虑一下这笔交易的其他相关数据：

▶ 看涨期权的 Vega 值为 0.05。

▶ 看涨期权的 Delta 值为 0.70（或者每 100 份合约为 70）。

▶ 执行价格为 40 美元的期权的隐含波动率为 0.26。

▶ 在改变波动率假设之前给定的任何波动率水平下，交易员的风险承受能力决定了她应该买入或卖出价值不超过 500 美元的 Vega 值（或者，对于这个期权合约而言，是 100 份合约）。

▶ 该交易员的报价为 2.35 美元的买价，2.45 美元的卖价（0.10 美元的价差宽度）。

现在想象一下，一个以 2.35 美元的价格卖出 1000 份看涨期权的订单进入了市场。随之而来的交易执行过程导致了一连串的事件。波莱特将为 100 份合约支付 2.35 美元（我们假设其他做市商吸收了其余 900 份合约）。由于波莱特买入了 7000 个 Delta（70 乘以 100 份看涨合约），她将立即以 41 美元的价格做空 7000 股标的股票，以保持 Delta 中性。

波莱特以 0.05 的 Vega 值购买了 100 份期权（或 500 美元头寸的 Vega 值），因此，她在这种波动率水平上的风险承受能力已经饱和。她只愿意在波动率较低的水平上买入更多。在这种情况下，她会将波动率假设从 26 降至 25。在 Vega 值为 0.05 的情况下，这些看涨期权的理论价值变为 2.35 美元，而该股的股价为 41 美元，这比 2.40 美元低了 0.05 美元，后者的波动率假设为 26。

因此，波莱特的买价和卖价将分别下降 5 美分。她的新市场报价将是 2.30 美元的买价、2.40 美元的卖价（股价为 41 美元）。这个市场将围绕 2.35 美元的新理论价值展开。

交易盈亏：胜算与波动率

现在，这笔交易有与之相关的可度量盈亏。这笔交易的盈利能力受两个因素影响：胜算和波动率。假设该股的股价保持在 41 美元不变且没有进行其他交易，让我们来看看盈亏分析。

首先，当交易发起时，41 美元的股价对应的期权理论价值是 2.40 美元。该交易员买入 100 份合约，并在 41 美元的股价上进行对冲。因此，交易员理论上获利 500 美元，也就是每股理论胜算 5 美分乘以每份合约 100 股再乘以 100 份合约。然而，波莱特随后将其模型中的波动率输入值降低了 1 个点。这导致了 500 美元的损失，也就是 1 个波动率乘以 0.05 个 Vega 值再乘以 100 份合约。因此，同时考虑了胜算和隐含波动率后，她总的理论盈亏为零。

让我们从另一个角度来考虑这笔交易。在股价为 41 美元、隐含波动率为 26 的情况下，看涨期权价值为 2.40 美元，Vega 值为 0.05。因此，如果波莱特为看涨期权支付了 2.35 美元，她就"支付"了 25 个波动率。为什么？因为以隐含波动率 25 计算，看涨期权的价值为 2.35 美元。她可以使用 Vega 值在她的大脑中完成这个计算。波莱特支付的价格比以波动率为 26 计算得到的理论价值低 5 美分。她将调低波动率假设，使她的新市场报价波动率保持在 25 左右。因此，她"支付"了 25 个波动率，现在运行分析的波动率假设为 25，她的盈亏为零。

事实上，交易员通常将波动率视为商品，注意他们买入或卖出（买价或卖价）的波动率水平。在以上示例中，考虑最初的市场是波动率为 25 的买价和波动率为 27 的卖价的情况。在股价为 41 美元的情况下，2.35 美元的看涨期权买价对应的波动率是 25，卖价比买价高 10 美分，为 2.45 美元。基于 Vega 值，人们可以计算出波动率为 27——高出两个波动率。

获得波动率利润

交易并不是孤立的，股价也不是一成不变的。让我们来看看接下来可能发生的两种情况，并看看每一种情况下都会对盈亏产生怎样的影响。

在一个完美的世界里，在买入（并对冲）这些看涨期权后不久，针对相同看涨期权的买单就会进入市场，这让波莱特有机会卖出，并在 100 份交易中每份获利 0.05 美元。想象一下，这种情况真的发生了，以 2.40 美元（新卖价）的价格买入至少 100 份执行价格为 40 美元的看涨期权的订单进入了市场，而该股票可能仍以 41 美元的价格交易。波莱特将以 2.40 美元的价格卖出她的 100 份看涨期权，并以 41 美元的价格买回 7000 股股票。

盈亏很容易用美元、美分和 Vega 值的盈亏状况来计算。因为波莱特为 100 份看涨期权支付了 2.35 美元，又以 2.40 美元的价格卖出，并平掉了股票（即以 41 美元的价格买卖股票，零盈亏），她赚了 500 美元（减去佣金）——5 美分的期权利润乘以每份合约 100 股再乘以 100 份合约。

基于 Vega 值的盈亏也必然达到 500 美元。波莱特在波动率 25 时买入（期权价格为 2.35 美元），在波动率 26 时卖出（看涨期权价格为 2.40 美元）。1 个波动率点乘以 5 美分的 Vega 值乘以每份合约 100 股再乘以 100 份合约同样是 500 美元。

实际上，我可以用一只手数出这样快速获利的情景在我的交易生涯中出现过多少次。通常，做市商必须持有头寸，因为他们不能立即通过交易清空头寸——通常情况下，世界上不会恰好有人想要成为交易的另一方。做市商需要利用其他执行价格上或其他到期月份上替代性很强的期权构建价差组合。这就是后一种计算方法（基于 Vega 值的盈亏分析）真正派上用场的地方。

当单笔交易并未使交易员的风险承受能力饱和时，这些相同的计算（美元、美分或 Vega 值盈亏分析）可以更容易地被观察到，因此波动率输入没有改变。例如，最初当波莱特的期权价值为 2.40 美元，股票价格为 41 美元时，如果她以 0.35 美元的价格买入 10 份合约，她就不需要降低波动率输入，她会轻易地赚 50 美元。以美元和美分计算，这比买入的 10 份合约的理论价值低了 0.05 美元，乘以 10 份合约后即为 50 美元。按照 Vega 值的计算方法，这比波莱特所用的波动率 26 低 1 个波动率，乘以 5 美分的 Vega 值再乘以 10 份合约，同样是 50 美元。

当然，波莱特会以 41 美元的价格卖出 700 股股票来进行对冲。在这笔交易之后，波莱特希望在 2.45 美元（波动率为 27）的理想报价下卖出，并锁定期权上 100 美元的盈利，无盈亏平掉股票持仓后消除掉整个头寸。她可能也会满足于以 2.40 美元的市场中间价（以波动率 26 计算得到的理论价值）卖出。然后，她会无盈亏平掉股票持仓，锁定 50 美元的利润，同时消除头寸风险。

基于 Vega 值的价差组合盈亏分析

假设交易员已将波动率假设下调至 25，以波动率 25 买入 100 份执行价格为 40 美元的看涨期权，并以价格为 41 美元的 7000 股股票进行对冲。现在如果有一个买入执行价格为 45 美元的看涨期权的订单进入市场。请考虑以下相关交易数据：

▶ 股票价格为 41 美元。

▶ 没有垂直倾斜（执行价格为 45 美元的期权隐含波动率为 25）。

▶ 执行价格为 45 美元的看涨期权理论价值等于 0.51 美元。

▶ 执行价格为 45 美元的看涨期权的 Delta 值等于 0.20（或者，每 100 份合约为 20）。

▶ 执行价格为 45 美元的看涨期权的 Vega 值等于 0.04。

▶ 交易员报出的买卖价差为 0.10 美元宽度，买价为 0.45 美元，卖价为 0.55 美元。

▶ 交易者的卖价等于 NBBO[⊖]价格。

⊖ NBBO（National Best Bid and Offer），全美最佳买卖报价。——译者注

在这个例子中，波莱特以 0.55 美元的价格卖出 100 份执行价格为 45 美元的看涨期权，然后立即以 41 美元的价格买入 2000 股股票进行对冲。这是一笔非常重要的交易，与第一笔执行价格为 40 美元的看涨期权的交易相关。首先，通过卖出执行价格为 45 美元的看涨期权，波莱特"锁定"了波动率方面的理论胜算。以 25 波动率计算，这些看涨期权的估值为 0.51 美元，但波莱特以 0.55 美元的价格卖出了它们。因为看涨期权价格比理论值高出 0.04 美元，而 Vega 是 0.04，她卖出了 26 的波动率。

波莱特在降低风险的同时，进入了获得一个波动率点盈利的支出看涨期权价差组合（Delta 中性）。Vega 风险已被降低至价差组合中任何一条腿相关风险的很小一部分。执行价格为 40 美元的看涨期权头寸贡献了 500 美元的 Vega 多头头寸；执行价格为 45 美元的看涨期权头寸则贡献了 400 美元的 Vega 空头头寸。因此，净头寸仅为 100 美元的 Vega 多头。如果波莱特提高或降低她的波动率假设，这只会稍稍改变她的理论盈亏，也就是她的 Vega 盈利或亏损。

波莱特只需调整波动率，以匹配超出她控制范围的，却在市场上出现的订单流及其相关交易。最终的结果是她以公平价格退出交易，或在理想情况下，她获得更多胜算。本质上讲，这些都是做市商交易的机制。

为了使这个例子更真实，我们将取消不存在垂直波动率倾斜的假设。事实上，波动率倾斜是很有可能存在的。但只要做市商在开仓时以低于期权波动率倾斜的理论价值的价格买入，并在平仓时以高于此理论价值的价格卖出，他们就获得了理论优势，并锁定了实际的利润。现在，让我们取消股票价格保持不变的假设。

波动率如何使标的资产价格运动正常化

让我们再一次回到最初的执行价格为 40 美元的看涨期权交易。观察以下交易数据：

▶ 以 2.35 美元（25 波动率）的性价格买入 100 份执行价格为 40 美元的看涨期权，以 41 美元做空 7000 股股票达到 Delta 中性。

▶ 执行价格为 40 美元的看涨期权的理论价值为 2.40 美元，波动率为 26。

▶ 市场隐含波动率保持不变。

▶ 交易员保持波动率假设不变，在此交易后仍以 26 波动率计算期权理论价值。

▶ 看涨期权的 Vega 值等于 0.05。

▶ 股价为 41 美元的看涨期权的 Delta 值等于 0.70（或每 100 份合约为 70）。

▶ 交易者的市场报价价差总是 0.10 美元。

考虑一下，如果标的股票价格在最初的交易日期下跌 50 美分，跌至 40.50 美元，而波莱特能够按照她的卖价卖出看涨期权，会发生什么。她可能会赚钱，但计算中会出现更多的迭代。首先，我们必须得到标的股票价格为 40.50 美元的看涨期权的理论价值。

新的期权价值的计算相当直接简单。该值当前为 2.40 美元。计算期权价值变化的公式是 Delta 值乘以标的资产价格的变化。在本例中，为 0.70 的 Delta 值乘以（负）50 美分等于看涨期权价值下降 35 美分。在股价为 40.50 美元的情况下，执行价格为 40 美元的看涨期权的理论价值将为 2.05 美元（2.40 美元减去 0.35 美元）。

波莱特的市场报价将为 2.00 美元的买价、2.10 美元的卖价（同样是 0.10 美元的价差）。如果有以卖价买入的订单进入市场，而她正好卖出 100 份合约，她会以 2.10 美元的价格卖出。

到目前为止，波莱特似乎赔钱了：她以 2.35 美元的价格买入看涨期权，以 2.10 美元的价格卖出。然而，考虑一下对冲交易。她以 41 美元的价格卖空了 7000 股股票，然后以 40.50 美元的价格购回。因此，我们有以下两个交易：

以 2.35 美元的价格买入 100 份看涨期权，以 2.10 美元的价格卖出 100 份看涨期权	损失：2500 美元
以 41 美元价格卖空 7000 股股票，以 40.50 美元的价格购回	盈利：3500 美元
交易总损益	盈利：1000 美元

在这种情况下，盈利能力很容易破译。波莱特以低于理论价值 0.05 美元的价格买入了 100 份看涨期权，得到了 500 美元的理论胜算。她以高于理论价值 0.05 美元的价格卖出了 100 份看涨期权，得到了 500 美元的理论胜算，最终了结交易。在平仓后，她消除了未来的风险，锁定了 1000 美元的实际利润。平仓时，理论上的胜算变成了实际的损益。

按照 Vega 值计算方法，波莱特以 25 波动率买入 100 份看涨期权，以 27 波动率卖出。损益的计算方法是 2 个波动率点盈利乘以 5 美分的 Vega 值，再乘以 100 份合约等于 1000 美元的利润。这就是为什么 Vega 值在损益分析时是如此有用和重要。在这个计算中，期权价格和股票价格没有影响到计算结果。这纯粹是一个波动率计算：她是在什么波动率水平上买入的？然后，她又是在什么波动率水平上卖出的？

关于 Gamma 值和 Theta 值

事实上，这笔交易的利润可能会高于或低于 1000 美元。它可能会更高，特别是如果标的股票价格的变动更大，比如 2 美元、3 美元，甚至 5 美元。考虑到标的股票价格的变动，Delta 值会随着 Gamma 值的变化而变化。由于期权多头具有正 Gamma 值，因此 Delta 值会发生有利于交易者的变化。随着股价下跌，Gamma 值会产生负 Delta 值；随着股价上涨，Gamma 值会产生正 Delta 值。交易员可以利用这种 Delta 值变化获利，方法是在市场上涨时卖空更多股票进行对冲，在市场下跌达到 Delta 中性时获利购回。如果股票价格振荡，可能会出现剥头皮（Scalping），但利润可能也会减少。如果随着时间流逝，Theta 因素可能会影响损益。这些因素（Gamma 值和 Theta 值）的影响可以被认为是已实现波动率的影响。

交易大厅里的内部策略

本章大部分内容都是基于专业做市交易员的背景阐述的。渴望成功的非专业交易者必须了解这些机制，并了解流动性提供者的动机，从而了解整个期权市场。但非专业交易者也可以运用一些以前只适用于专业交易者的策略。自散户组合保证金出现以来，有一种这样的内部策略越来越受到欢迎，那就是 Gamma 剥头皮。Gamma 剥头皮是一种交叉策略，我将在下一章详细讨论，它适用于跨式价差组合交易、合成跨式价差组合交易，或许还适用于更复杂的衍生品组成的跨式价差组合。

第 14 章

波动率与跨式价差组合

做市商交易

有一天，我在芝加哥期权交易所教一门课，课间我和一名学生聊了起来。他说他很喜欢这门课，但他真正想做的是"学习 Gamma 剥头皮——就像做市商那样"。我问他为什么想学习这种特殊的交易技巧。他回答说："因为这样做可以赚钱。"

在我职业生涯的大部分时间里，我都是一名 Gamma 剥头皮者，我可以证明，有人可以用这种方法赚钱——也许还是一大笔钱，但它不一定比其他交易策略更好，它有一个非常特别的目标。事实上，有一些策略应该只使用 Gamma 剥头皮技术进行交易。

愚蠢的赌局

让我们来考察一下跨式价差组合多头。跨式价差组合多头由相同执行价格的一个看涨期权多头和一个看跌期权多头组成，它们有相同的到期月份，以及相同的标的资产。但我认为，在散户的所有交易策略中，跨式价差组合的表现可能是最差的。奇怪的是，专业交易者一直在运用它们，而且可以做得很好。那么，为什么这么多散户在这个简单的策略上表现得很糟糕呢？因为他们用得不对。

许多交易者读了一本基础的期权书，或看到了一张跨式价差组合的到期损益图，就认为跨式价差组合交易很容易。他们犯了一个错误，就是将跨式价差组合交易视为"盈亏平衡点策略"。新手交易者买入跨式价差组合，并希望标的资产价格的波动足以突破到期损益图中上下盈亏平衡点的价格。在绝大多数情况下，这是一个愚蠢的赌局。

跨式价差组合是一种波动率游戏，它必须利用波动率定价和标的资产波动率的自然分布获利。与来回振荡的较小价格波动相比，寻找任何一个方向上的价格大幅波动都不太可能实现。股票、债券、商品或其他可交易资产的任何一张图表中可以看到，即使是在趋势中，也有上涨日和下跌日，这是一种自然振荡。这些都是跨式价差组合被设计用来捕捉的价格波动。跨式价差组合盈亏平衡点交易错过了价格变动的高峰和低谷。有效地交易跨式价差组合通常需要辅以 Gamma 剥头皮。

Gamma 剥头皮

Gamma 剥头皮是一种技术，交易者持有期权多头头寸，并以 Delta 中性的方式进行交易。但是因为期权多头头寸有（正的）Gamma，当标的资产价格变化时，Delta 值也会变化。当 Delta 值发生变化时，交易者交易标的资产，重新调整他们的头寸，以回到 Delta 中性。

因为跨式价差组合多头的 Gamma 值是正的，Delta 值总是朝着有利于交易者的方向变化，当标的资产价格上涨时交易者变得更加多头，当标的资产价格下跌时变得更加空头。对了对冲增加的 Delta 值，交易者必须在标的股票价格上涨时卖出股票，在标的股票价格下跌时买入股票。因此，才有术语 "Gamma 剥头皮" 出现。在振荡市场中，这一过程会使交易者在标的资产上进行有利可图的剥头皮交易。

例如，交易员艾琳买入了 50 份执行价格为 80 美元的 Delta 中性跨式价差组合（标的股票价格为 79.50 美元）。看涨期权和看跌期权的 Gamma 值都为 0.06。因此，根据每份合约的头寸 Delta，头寸整体的 Gamma 值是 6，或 600。[0.06 的 Gamma 值乘以每份合约标的 100 股股票，再乘以 100 份期权（50 份看涨期权和 50 份看跌期权）。]

下面是 Gamma 剥头皮的原理。想象一下，标的股票价格上涨 1 美元，至 80.50 美元。由于 Gamma，跨式价差组合头寸将增加 600 个 Delta 多头（这是 600 Gamma 值乘以 1 美元的结果）。艾琳将以 80.50 美元的价格做空 600 股股票，以恢复 Delta 中性（即零 Delta）。

现在想象一下，标的股票价格下跌 1 美元，回到 79.50 美元。Gamma 将使跨式价差组合加上 600 股股票空头的整体头寸出现空头，现在是 600 个 Delta 空头。因此，艾琳将以 79.50 美元的价格购回她卖空的 600 股股票，以再次获得 Delta 中性。想一下，对应股价为 79.50 美元，没有股票对冲时的跨式价差组合 Delta 为零。有了 600 股股票空头，她在股价为 79.50 美元时就有 600 个 Delta 空头，如果她以 79.50 美元的价格购回 600 股平仓，她又回到了 Delta 中性。

在这个例子中，标的股票价格的涨跌促使艾琳进行有利可图的交易，剥头皮股票（在 80.50 美元的价格上做空 600 股，然后在 79.50 美元的价格上买入 600 股），她的目标是保持 Delta 中性。但这笔交易还有更多的东西，具体地说，存在负的 Theta，以及随之而来的所有决策。

简而言之，交易者必须确定，根据剥头皮交易的预期日损益，每天放弃的 Theta 金额是否可以接受。

例如，乍一看，如果艾琳认为她平均每天可以通过剥头皮获得 600 美元的盈利，她会满足于每天 Theta 值不到 600 美元的跨式价差组合头寸。但她必须考虑到周末的影响并做出调整，她只能从周一到周五（一周五天）进行剥头皮交易。而 Theta 值是基于一周七天自然日的。因此，她会接受低于 429 美元的日均 Theta 值（600 美元预期每日剥头皮收益，乘以 5 个交易日，再除上每周 7 天）。

尽管这一逻辑看起来非常直观简单，但它也可能会变得稍微复杂一些。隐含波动率和 Vega 肯定会发挥作用，需要从波动率的视角来审视交易中的 Theta 值。

波动率如何影响 Theta 值

在接下来的例子中，我们将假设艾琳有一个水晶球，可以预见未来，她通过水晶球看到，该股每天都会正好上涨 1 美元，然后正好下跌 1 美元。

举例：20 波动率

假设艾琳的 50 份跨式价差组合持仓的价格为 5.45（看涨期权 2.55 美元，看跌期权 2.90 美元）美元，交易参数如下：

▶ 波动率是 20。

▶ 距离到期还有 67 天。

▶ 头寸的 Theta 值是 200 美元（每份看涨期权和看跌期权合约都是 0.02，乘以 100 份合约总数）。

▶ 头寸整体 Gamma 值是 600。

艾琳会买入这个跨式价差组合吗？当然。她知道每周她必须支付 1400 美元的 Theta（200 美元乘以 7 个日历日），但她每周可以赚 3000 美元（600 美元乘以 5 个交易日）。

举例：40 波动率

但如果她不得不为跨式价差组合支付更高的价格呢？她还会买吗？如果波动率为 40，看涨期权价格将为 5.25 组合，看跌期权价格将为 5.60 美元，这使得跨式价差组合的价值为 10.85 组合。但此时距离到期还有 67 天。到期时，时间溢价将为零。这意味着，与以 20 波动率定价、价值较低的跨式价差组合相比，价格较高的跨式价差组合价值一定会以更快的速度衰减。因此，它必然有一个更高的 Theta 值。事实也的确如此。看涨期权和看跌期权的 Theta 值均约为 0.04。因此，总头寸的 Theta 值为每天 400（0.04 乘以 100 份合约）美元。

但 Theta 值并不是唯一受到波动率上升影响的希腊值，Gamma 值也同样受到影响。随着波动率的上升，Gamma 值变得更小（其他所有因素保持不变）。在波动率为 40 的情况下，跨式价差组合的 Gamma 值为每份期权合约 0.03，或全部头寸 300 个 Delta 值（对于 100 份期权合约而言）。这意味着，如果（根据水晶球的假设）股票上涨 1 美元，再下跌 1 美元，艾琳将做空 300 股股票，再回购这 300 股股票，获得 300 美元的盈利。

因此，在一周的时间里，艾琳可能会支付 2800 美元（400 美元乘以 7）的 Theta 值并获得 1500 美元（300 美元乘以 5）的剥头皮盈利。较高的波动率使这个交易令人望而却步。在相同的价格变动下，考虑到跨式价差组合的成本，她无法盈利。

Gamma 值和 Theta 值的另一个自我：已实现波动率和隐含波动率

这个场景中的假设是，艾琳预计股票每天会精确地上涨和下跌 1 美元。一般来说，这不是一个现实的假设（尽管，有一段时间，一个和我在同一个交易池内交易的人非常严肃地告诉我，他交易的基础是他知道会发生什么，而且他还可以用意念使勺子弯曲），但是，艾琳可以预测预期已实现波动率。

已实现波动率就是价格的变动。Gamma 剥头皮通过标的资产价格的已实现波动率获取利润。已实现波动率越大，交易员在同等大小的 Gamma 值下进行 Gamma 剥头皮的次数就越多。为了衡量 Gamma 剥头皮可能带来多少收入，交易员必须评估已实现波动率。

但就像在任何其他业务中交易一样，交易员不仅必须考虑预期收入，还必须考虑费用。例如，买入跨式价差组合时的隐含波动率水平最终决定了 Theta 成本。预期收入与费用的比较和将当前隐含波动率与预期已实现波动率进行比较一样简单。

隐含波动率和已实现波动率使用相同的单位表示：年化标准差。这使得分析变得简单明了。交易员渴望"买入"低于他们预测的未来已实现波动率的隐含波动率，这就是买入价值。

买入波动率价值并不能完全保证交易成功，但它提供了一个统计上的成功可能性。首先，交易者需要具备一些交易技巧，以避免剥头皮不足和错失机会，或者是过度剥头皮和捕捉的价格变动太小。但同时，波动率也可能以不同的方式表现出来。

似乎有无限多的排列分布都可以产生唯一的已实现波动率数值。波动率是由一段固定时间内资产价格变动的幅度组成的。资产价格上涨的天数可能多于下跌的天数，下跌的天数也可能多于上涨的天数，上涨和下跌的天数也可能相同，一定天数内的价格变动幅度可能比其他天数内的更大，等等。但有一件事是肯定的：根据价格分布可以得到一个波动率数值，在这个波动率数值下，绝大多数价格变化完全是一个方向的可能性要小于更随机的价格振荡。

这就把我们带到了最初的观点：将跨式价差组合作为盈亏平衡点策略是一种愚蠢的赌局。虽然一些股票价格走势强劲或在两个方向都有大幅突破并不少见，但更有可能出现的是，在回调、趋势弱化和其他情境下，价格更多的是会围绕均值而不是远离均值变化。这是所有常用期权定价模型的前提假设：价格分布符合对数正态分布概率曲线。

当利用 Delta 值对期权实值到期可能性进行估计时，这种情况进一步得到证实。想象一下，3 月到期、执行价格为 50 美元的跨式价差组合可以用 5 美元买到。在这个例子中，到期时的盈亏平衡价格是下行到45 美元，或上涨到 55 美元。顺便说一句，看跌期权 45 美元的执行价格与下行盈亏平衡价格相同，本例中执行价格为 45 美元的看跌期权的Delta 值是 0.17 ；看涨期权 55 美元的执行价格与上行盈亏平衡价格相同，执行价格为 55 美元的看涨期权的 Delta 值是 0.22。

跨式价差组合双腿各自的 Delta 值意味着这样的估计：如果持有跨式价差组合到期而不进行 Gamma 剥头皮，那么它有 17% 的可能性从价格下跌中获利（即，执行价格为 45 美元的看跌期权有 17% 的可能性是实值到期的），有 22% 的可能性从价格上涨中获利（看涨期权实值到期）。当然，只有一种情景（向上或向下）最终能实现。因此，将跨式价差组合作为盈亏平衡点策略在到期时获利，虽然不是不可能的，但从统计学意义上讲概率是很低的。

专业交易者的策略

Gamma 剥头皮是一种主动交易策略，需要持续不间断的监控。出于这个原因，它更适合专业交易者或待在家里的交易者，需要他们对交易很认真。此外，它需要相对较大规模的头寸才能使交易者获得足够大的利润。这一章中所使用的例子围绕着一个 50 份的跨式价差组合交易，每天可能只能赚到几百美元或损失几百美元。与更多以散户为导向的策略相比，即使是像前一章讨论的隐含波动率波动所导致的损益，分摊到每份期权上也是很小的。因此，Gamma 剥头皮必须具有做市商等专业交易者的自由保证金，或者散户投资组合保证金。

以专业的方式交易跨式价差组合

在我作为一名专业交易者的那些年里，我个人交易了很多跨式价差组合。事实上，也可以说这就是我交易生涯的全部。因为作为做市商，所有（绝大部分）交易都是为了维持 Delta 中性。可以这样认为，我进行的所有交易都可以转换为合成跨式组合或合成跨式价差组合。

例如，回忆一下合成关系，如式（14-1）：

$$看涨期权多头 + 股票空头 = 看跌期权多头 \tag{14-1}$$

想象一下，一名交易员买入 100 份平值看涨期权，然后卖出 5000 股股票作为对冲，以获得 Delta 中性。实际上，这位交易员是买入了 50 份跨式价差组合。为什么？我们可以将这笔交易拆分为看涨期权和合成看跌期权：

$$50 份看涨期权多头 +（50 份看涨期权多头 + 5000 股股票空头）$$

这里，50 份看涨期权多头 +5000 股股票空头 = 50 份合成看跌期权多头。

Delta 保持中性，此交易在 Gamma 产生 Delta 之前没有方向性风险暴露头寸。由于没有直接的方向性风险，这笔交易只有波动率风险。它有正 Gamma、负 Theta 和正 Vega，这些都是波动率风险，都是关于跨式价差组合的。

AIT Gamma 交易

在我做做市商的头几年里，我在场内交易的期权类别之一是 Ameritech（AIT），后来被 SBC 通信公司吞并，也就是后来的美国电话电报公司。顺便说一句，代码 AIT 现在属于另一家公司。在那段时间里，Ameritech 并没有多少大的价格趋势，它只是横盘。对于喜欢贷记价差组合、铁鹰价差组合等的散户来说，它是一个很好的选择。这种情况对我来说非常好。

收益型交易者向我们做市商出售期权。那几年，我通常在这只股票期权上做多 Gamma。尽管它是一只相当横盘的股票，但它也会有一些波动性。几乎每天都会有 1 美元左右的涨跌。我几乎每天都在这只股票上进行 Gamma 剥头皮而获利。到了年底，它通常是我最大的盈利来源之一。

多头与空头

在 AIT 上，或我做过的其他 Gamma 多头交易中，我并不是每次都在执行价格上做多，有时我也向期权买家、一些价差组合交易者出售期权。我是净 Gamma（期权）多头，但我也在一些执行价格上是空头。当标的股票股价从多头执行价格向空头执行价格变化时，整体头寸可能会呈现出跨式价差组合空头的特征。如果 Gamma 是负的，而 Theta 是正的，并且头寸是 Delta 中性的，那么从合成关系的角度来看，这就是一个跨式价差组合空头。当标的资产价格靠近多头执行价格时，整体头寸就像跨式价差组合多头；当标的资产价格接近空头执行价格时，整体头寸就像跨式价差组合空头。

Gamma 空头管理

跨式价差组合空头基本上是跨式价差组合多头的对立面（持有看涨期权和看跌期权空头，2 份期权具有相同的到期月份、相同的标的资产），但对 Gamma 空头头寸的管理与对 Gamma 多头头寸的管理略有不同。

每当对 Gamma 多头头寸做 Gamma 剥头皮时，都是在进行对冲交易，他总是"正确的"。每个 Gamma 多头对冲都锁定了真实存在的波动率收益。但当交易者对 Gamma 空头进行对冲时，他就总是"错的"，Gamma 空头头寸对冲总是锁定亏损。

例如，假设一名交易者持有 40 份 9 月到期、执行价格为 60 美元的期权组成的跨式价差组合，头寸目前是 Delta 中性，并且头寸有 700 个 Gamma 空头。现在想象一下，标的股票价格上涨 2 美元。由于 Gamma 值的存在，交易者将做空 1400 个 Delta。尽管该头寸开始时为 Delta 中性，但标的股票价格的上涨增加了空头方向的方向性偏差。

随着标的股票价格的上涨，这笔交易肯定会以越来越快的速度亏损。当标的股票价格上涨 50 美分时，头寸是 350 个 Delta 空头（这意味着它将在上涨的市场中亏损，就像做空 350 股股票一样）。再上涨 50 美分，头寸将是 700 个 Delta 空头，就像做空 700 股股票一样，将会亏损。再上涨 50 美分，头寸将变为 1050 个 Delta 空头，就像做空 1050

股股票一样随着股价上涨而产生亏损，依此类推。

如果这个例子中的跨式价差组合交易者认为股价将继续走高，他将需要购买标的股票来对冲负 Delta 增量（锁定亏损），以回到 Delta 中性。当然，风险在于交易者买入股票后，股票价格回落，导致在股票对冲性购买中出现亏损。再一次强调，负 Gamma 对冲总是错误的。交易者有时必须通过对冲以阻止进一步的损失，但他们必须非常有选择性地选择何时这样做。

负 Gamma 对冲的技巧

专业交易者使用许多方法来对冲由负 Gamma 导致的 Delta 值增加。以下是几种可供选择的常见方法。

标准差　所有价格变动的约三分之二预计都将落在（均值[⊖]）上下一倍标准差之间。当标的资产价格变动到基于隐含波动率的上下一倍日度标准差时进行对冲。

支撑位和阻力位　当标的资产价格突破标的资产价格图上的支撑位或阻力位时，可能会出现方向性突破。无论是哪个方向的突破，在这种情况下都要对冲。

止损点　所有交易者都有可以忍受的"痛苦"的门槛。一旦你损失到了一定数额，就去对冲。

价格变动百分比　一旦标的资产价格变动了一定的百分比，对冲。

并购事件 Delta　Delta 风险可能是期权交易中可能出现的最大风险。一旦 Gamma 值使头寸产生了一定数量的多头或空头 Delta 值，就应对冲以回到 Delta 中性。

　⊖　为译者加注。

对冲一半 不能决定何时对冲？对冲一半的 Delta。这样做可能导致进一步的损失，但如果标的资产价格回调，交易员的损失就不会那么大。

调整散户的收入性交易

当从利用标的资产对冲增加 Delta 的角度考虑负 Gamma 对冲时，我们就很容易理解损失是如何发生的，以及它们是如何被锁定的了。同样的事情也发生在散户负 Gamma 收入性交易上，比如铁鹰式价差组合、蝶式价差组合等。通常情况下，这些交易一开始是 Delta 中性的，当标的资产价格发生变动后，才产生了不利的 Delta 值。从定义上讲，这意味着这笔交易将亏损。

交易员通常更关心这些策略的"结局"，更多地关注 Theta 值和到期时的盈亏，而不是关注负 Gamma 值。当标的资产价格波动过大时，许多散户非常渴望调整收入性交易。但许多交易者没有意识到的是，他们调整交易（保持 Delta 中性）时，也在锁定亏损。新手收入交易者很容易被各种用期权进行调整的诱惑吸引。因为用期权调整不像用标的资产调整那样单一，所以很容易被愚弄，以为亏损没有被锁定——但的确是被锁定了。

用期权与用标的资产对冲的不同之处在于，用期权对冲会导致头寸Delta 值之外的其他希腊值也发生变化（与利用仅有 Delta 值的标的资产进行对冲相反）。因此，利用期权调整可以产生额外的 Theta 值，改变期权虚实值程度而产生额外的"回旋空间"（wiggle room），或者为了获得时间衰减的好处而使交易出现额外的存续时间。因这些期权定价影响因素而产生的头寸变化损失可能会超过因 Delta 对冲而锁定的损失。事实上，这就是好的调整应该做到的。散户必须经常做出调整，以修复头寸出现的问题，但他们需要有节制地使用调整。

第 15 章

套利与利基交易

盈利如何积少成多

规避风险是人类的本性，但悬崖跳水者、铤而走险的人和其他愿意冒险的风险承担者却被风险吸引，他们知道这些风险可能会伤害到他们，但他们仍深受其中的刺激驱使而去追求风险。他们违背了追求刺激所固有的东西。小时候，我们都听过伟大冒险家的故事，他们在旅途中面临着一次又一次的风险。但作为成年人，我们意识到我们小时候读过的故事是冒险家生活中非常有限的时间线。事实上，如果这位敢于冒险的英雄继续冒险，总有一天他会灰飞烟灭的。

经验丰富的资深交易员知道这一点。他们做了很多交易，什么都见识过了。他们知道等待冒险者的结局是什么。如果散户一个月只做几笔交易，他们就可以永远幸运，但每天交易 100 笔或更多的专业交易者不可能永远幸运。

在我的交易生涯中，我目睹了以我无法想象的方式进行的交易。四个和五个标准差之外的事件以远超它们应该出现的概率出现——当然这个概率是尖峰态分布。我经历了很多灾难，也有过很多意外之财。例如，2001 年 9 月 11 日之后的市场下跌导致我的账户损失了 32 万美元。
我偶尔也会在早上走入交易大厅，看到一只股票在出人意料的缺口上涨
跌，一天的开始就有一笔意外之财。随着时间的推移，我学会了尽量避
免令人愉快的和不愉快的惊喜，转而选择更有把握的事情。这是所有在
职业生涯中保持长寿的交易员都会做的事情。

理论定价

理论定价的概念侧重于使交易变得更加确定。归根结底，交易者对
任何期权的价值所知道的就是，如果这个值这个价，那么那个肯定也值
那个价。因此，在市场买卖价差很小、流动性很强的市场中，做市商买
入的价格比理论价值低一两美分，卖出的价格比理论价值高一两美分。
只要交易是 Delta 对冲的，他们风险的绝大部分就会减小，有利于减小
不确定性风险。交易员根据一个期权或标的资产交易另一个期权。

被选中，还是大海捞针

在交易中，人们总是担心被选中——也就是说，被另一个掠夺性交
易者所利用。问一个典型的散户有关做市商的问题，你很可能会听到很
多关于做市商总是选中散户的事；问做市商有关散户的情况，同样，你
会得到一个关于散户如何选中做市商的阴谋论。事实是，如今几乎没有
什么选中不选中的问题，找到一个真正的被选中的对象就像大海捞针
一样。

但在套利的名义下，一些专业交易者以持续监控市场，寻找可以利

用的定价偏差为生——寻找所谓的"针头"。毫无疑问，只有当交易者允许它发生时，他们才会被选中。选中与套利有关。进行风险较低的利基交易、套利或近套利交易的聪明的交易员应该自己发现这些机会。我们的目标是在套利机会找到你之前先找到它们。

比价的艺术

专业交易者和精明的散户都在利用大量利基市场。所有的利基交易都围绕着一种期权价值与另一种期权价值之间的比价。本质上，当交易员利用利基市场和套利机会时，他们交易的是一种与原始资产类别存在关联的迭代资产类别。被交易的资产通常是交易的双腿之间的差价。

配对交易

一个简单的例子，也是一个相当常见的利基市场，是配对交易。顾名思义，配对交易涉及交易一对资产。交易员可以使用两只股票、两只ETF、两个指数、两个期货或两个期权（不同但通常相关的期权类别）进行配对交易。

例如，交易员可以买入标准普尔存托凭证（SPY），做空 iShares 罗素 2000 指数基金（IWM）。在这个例子中，这样交易的理由是 SPY 的表现将超过 IWM。这些 ETF 非常相似，有许多成分股重叠，但又完全不同。它们的价格变动很可能会在某种程度上同步，但交易的重点是价差。两者都可能上涨，也可能下跌，但使交易者赚钱或亏钱的是价差的扩大或缩小。通常，对于股票或 ETF，交易者买卖相同美元价值的份额，对比它们之间的百分比变动而不是名义变动。

当期权是配对交易的组成部分时，被交易的资产通常是波动率差异。交易员可能会买入基于麦当劳公司股票（MCD）的看涨期权，卖出基于百胜餐饮集团股票（YUM）的看涨期权。当目的是利用波动率差异扩大或收紧时，每个期权腿可能都是 Delta 中性的。在本例中，交易者可能因为 MCD 期权波动率将高于 YUM 期权波动率而建立头寸。同样，两种期权的波动率可能上涨，也可能一起下降，但交易的是波动率差异。

无论是方向上表现差异的（股票）交易——在本例中，是 ETF，还是波动率表现差异的（期权）交易——MCD 与 YUM，都会将标的 ETF 或公司的表现因素剔除。价差组合头寸是一种与简单的方向性交易或波动率交易截然不同的交易。这是一个更深入的迭代步骤。配对交易的风险可能低于传统的方向性交易或波动率交易，特别是在资产高度相关的情况下，它的潜在收益也可能较少。因此，对于这些类型的交易来说，交易规模通常更大，这要求交易者拥有充足的资本。

波动率交易

正如本书大部分篇幅所讨论的那样，波动率交易本身就是一种比价交易。当交易者对冲以获得 Delta 中性时，他可能在头寸的期权部分赚钱，在标的资产部分亏损，反之亦然。交易者不关心哪条腿是赢家还是输家。交易者只关心 Delta 增量（由 Gamma 产生）、逐渐递增的时间衰减（Theta）和波动率增量变化（Vega）。这些期权定价影响因素的微小变化被用来做交易。从概念上讲，Delta 中性波动率交易已与期权标的上市公司的盈利能力毫不相关。

波动率倾斜交易

在复杂程度方面，比直接波动率交易更复杂的是波动率倾斜交易。正如之前所讨论的，在大多数期权标的资产类别中，通常存在垂直波动率倾斜。在股票期权（以及 ETF 期权和指数期权）中，通常执行价格越低，波动率就越高，"恐惧"是偏向低价格的方向的。这通常表现为垂直波动率倾斜。

在特定期权类别中，波动率倾斜能被很好地定义。它在数学上被描述为向上倾斜（对于高于平值的期权执行价格）和向下倾斜（对于低于平值的期权执行价格）。对于权益类期权，向下倾斜通常比向上倾斜的斜率更大。倾斜的斜率有时是按线性计算的，有时是按指数计算的——行业内存在一些争议。但从逻辑上讲，波动率在某种程度上是线性的。

对交易者来说，随着看跌期权执行价格依次降低，期权可能更有价值——更便宜的保险，也是对更大幅度下跌的担心。以下是波动率倾斜的一个例子：

50 美元的执行价格：	40 波动率。
45 美元的执行价格：	42 波动率。
40 美元的执行价格：	44 波动率。
35 美元的执行价格：	46 波动率。

这个例子展示了一个合乎逻辑的线性斜率，每个较低的执行价格都对应着较高的波动率（在这种情况下，每 5 美元的执行价格增量会增加 2 个波动率点）。

如果变化是非线性的，这就非常不合逻辑。例如：

50 美元的执行价格：	40 波动率。
45 美元的执行价格：	42 波动率。
40 美元的执行价格：	38 波动率。
35 美元的执行价格：	46 波动率。

当然，执行价格为 40 美元的期权的效用不会低于它的两侧邻居——45 美元的执行价格和 35 美元的执行价格的期权；因此，它的波动率不应该低于这两个期权。这种情况代表一种价格偏差并为交易者提供套利机会。一个理性的套利者会卖出执行价格为 35-40-45 美元的蝶式价差组合，即卖出一个执行价格为 35 美元的看涨期权，买入两个执行价格为 40 美元的看涨期权，卖出一个执行价格为 45 美元的看涨期权，然后对冲净 Delta 值。

很多交易者都在关注每个期权标的资产的波动率倾斜。他们认为波动率倾斜应为线性并保持合理性。做市商用倾斜的波动率计算期权的理论价值，买入相对于波动率倾斜理论值便宜的波动率，卖出相对较贵的波动率。交易波动率的自营交易者也会观察波动率倾斜。

有一些不同的机会出现在波动率倾斜交易中。有时波动率倾斜会稍微偏离直线，导致斜率出现扭结或隆起；有时波动率倾斜会调整，变高或变低。例如，如果交易者特别担心某只股票价格下跌，向下倾斜可能会重新调整，与较高执行价格的期权相比，较低执行价格期权的价值较平时变得更有价值。交易者会利用这个机会，买入 Delta 中性的看跌期权价差组合（买入更高执行价格的看跌期权，卖出更低执行价格的看跌期权）。

但在波动率倾斜交易中，与大多数利基市场一样，波动率倾斜交易中的合约通常没有太多的风险或回报（除非在极端情况下）。因此，通常只有资金充足的专业交易者才能通过做足够大量的交易来获利。

分散模型及其他

在过去的几年里，套利的一种特殊演化模式变得流行起来：分散模型。分散模型交易是一种复杂的波动率价差组合类型的交易，类似于配对交易，但包含了更多的期权，构成了一个主价差组合。其一般原理是，基于一揽子（ETF 或指数）标的资产的期权隐含波动率在数学上与各组成部分期权类别的隐含波动率相关。因此，当波动率变得不正常时，就存在类似于数学套利的机会。

这种模型交易的一般概念已经存在了一段时间，但我们最近看到了越来越多的这种模式。在 21 世纪初，证券期权交易所成为许多模型交易员的大本营。过去几年，即便是商品交易所，模型交易团队的数量也出现了大幅增长。

模型交易并不适合所有人。它需要较大规模的运营和大量的资金。一般来说，交易员需要交易几乎所有可以用于交易的期权类别。在谷物市场中，这很容易做到。在谷物大类中，团队交易玉米波动率、大豆波动率和小麦波动率。这只需要在每个交易池里有几个交易员、一个精明的计算机工作人员，拥有雄厚的财力，当然，还需要大脑来构思数学模型。

在交易股票、ETF 和指数的证券交易所，这些团队可能由一个交易所内的 50 名或更多交易员组成。交易员需要积极参与所有流动性较好的期权交易，以便最大限度地利用整个市场的波动率差异。此外，由于可替代证券期权在多个交易所交易，波动率差异可能很小，因此团队需要在多个交易所进行交易。

在模型交易中，利润率非常低。我见过一些团队的交易员在做市时市场价差只有 1 美分。为了让这些微薄的利润变得有价值，并弥补管理成本，交易员需要进行大规模交易——我指的是规模非常大的交易。其中一些团队因此跻身某一特定期权类别的最大做市商之列，这种情况并不少见。有时，这些交易员会报出 1000 份或更多的报单（也就是说，无论是买单还是卖单），只为了 1 美分或 2 美分的价差。

这些交易员在期权市场上有两个非常重要的功能：他们提供了大量的流动性，并有助于提高波动率定价效率。相对于可比的期权类别，他们通过在波动率变得过于便宜时买入波动率，在波动率变得过于昂贵时（即使是一两美分）卖出波动率，来使价格与"应该"的价格保持一致。

利基、套利和散户

本章讨论的许多技术是为资金雄厚的交易者或交易公司准备的，因为他们交易的规模较大，可以在薄如纸片的利润上生存。但是，即使这些策略不适用于非投机者，聪明的散户也可以借鉴其中的一些技巧，并将其融入自己的交易风格。特别是，分散模型交易的概念可以很容易地被借鉴与应用，甚至可以用于基本的散户投资组合。有了良好的投资组合管理，专业交易者和散户都可以简化这一方法，以降低风险并获得胜算。

第16章

监控期权组合风险

虚构人物哈里·卡拉汉（又名"肮脏的哈里"）曾经说过："人必须知道自己的局限性。"当谈到交易时，没有人说过比这更真实的话了。

在不损失午餐的情况下分到你的那份馅饼

在我通过芝加哥期权交易所的会员资格考试成为交易所会员后，下一步是决定我将在哪个交易池里进行交易。我有一个相当简单的决策方法。我查阅了我能想到的一些交易池过去几个月的成交量，计算了每个交易池的交易员人数，然后用成交量除以交易员人数。

我的想法是，一旦到了交易池里，我会激烈地争夺我的份额（我的那份馅饼）并试图得到更多。作为一名资金雄厚的交易者，我想尽可能多地交易。我来到交易所大厅不是为了"过上好日子"或"打败标准普尔500"，我出现在那里是为了成为一个大交易者，我要在所在交易池内尽我所能赚更多的钱。为什么不呢？我有资金支持。正如相互竞争的公司为成为行业领导者而战（希望自己成为最大的和最好的）一样，我也是为了这个目标而战。当一个订单进入交易池时，我想要尽可能多的那一份。但是，正如他们所说，你需要"当心你的愿望"。

通过一笔又一笔的交易，难以管理的大头寸很容易地被累积起来。而且，毫无疑问，有时一笔交易可能因太大而无法处理。交易员必须表现出一定的克制。每隔一段时间，经纪商就会走进交易池里说："以某某价格卖出。"我会说："我想买，你有多少？"他只是微笑。那时我就知道我最好小心点。

交易者会因为持仓规模过大、持仓时间过长且损失过大，而产生难受的感觉。交易池内的一个场内交易者将其称为"胃口转折点"。这是一个你再也无法处理它，不得不退出交易的点（关闭它，锁定亏损，退出）。在交易中回吐是一种厄运，当然，每个做市商都不得不时不时这样做。补救措施通常是一点预防性"药物"，或者更准确地说，是一些自我克制。再强调一次，一个人必须知道他的局限。

风险限额与头寸管理

所有交易者，无论是做市商、自营交易者还是散户，都必须设定风险限额。期权是杠杆工具，有些策略有无限的潜在损失。当极不可能发生的事件发生时，交易者必须截断风险以避免产生巨大的损失。

如今，学交易的学生和我花了很多时间谈论期权投资组合管理。我提出了一些强烈的意见，并给学生们制定了严格的规则来遵循。尽管投资组合风险限额的概念并不是我发明的，但这是任何一个还算过得去的做市商从第一天起就要学会的事情，我只是把专业交易者使用的技术带给了大众。

作为一名做市商，我有一位风险管理经理，他要求我在一定的限额内进行交易。如果我超出了我的限额，我需要对冲，了结部分交易，或者找到一些其他创造性的方法来回到我的限额之内。再次强调，所有交易者，无论是专业的还是非专业的，都必须设定风险限额，并严格遵守。设定风险限额并不是主观意愿，它是法则。

现金与现金储备

管理现金也是管理期权投资组合的重要组成部分。所有期权投资组合都包括被期权或股票头寸占用的资金和一定数量的现金。被期权占用的资金被称为"保证金"。在期权术语中，保证金是经纪商要求你为持有期权头寸而缴纳的资本额。保证金在某种程度上是杠杆和保护的测度。

期权投资组合的一部分应该始终是现金。现金在期权账户中有多种用途。首先，现金是分配给期权头寸的资源，它提供了抓住机会的潜在可能性。交易员必须保留现金储备，以启动新的交易并调整持有头寸。

其次，现金本身就是一种资产。当市场不利于交易，或者交易者根本找不到好的交易时，现金是一种保守的投资资产。

因为现金是投资组合中的一种资产，所以交易结果包括投资组合中的现金部分。当月末（EOM）或年终（EOY）投资结果以百分比的形式表示出来时，现金应该在整个投资组合中被标示出来。例如，假设一个交易员有一个 100 000 美元的账户。交易员留下 50 000 美元现金，买入价值 50 000 美元的期权。如果账户的期权部分价值翻一番，赚了50 000 美元，那么投资组合将价值 150 000 美元（现金 50 000 美元，期权 100 000 美元）。交易员在投资组合上的盈利是 50%，而不是 100%。

所有交易者的现金数量都是有限的，他们必须有效地分配它。在期权头寸中没有配置足够现金的后果是低 EOY 结果和错过交易机会。占用太多现金会导致杠杆过高，并且没有足够的现金储备来启动交易和调整头寸。

那么，多少现金储备才是合适的呢？这个问题的答案取决于场景和个人，取决于市场和交易者的风险承受能力。有时，市场提供了更大的机会，因此要求使用更多资金。交易高杠杆头寸的交易员可能会比杠杆头寸较低的交易员持有更多现金，以抵消投机交易的影响。然而，持有较多投机性、较少方向性杠杆头寸的激进交易员，可能会比其他人占用更多的现金。

根据一般经验法则，合理的现金储备量应占全部期权交易组合总额的 15% 至 30%。这个范围的现金储备应该有足够的营运资本来调整头寸和捕捉机会，并在一定程度上分散投资于避险资产。与经验丰富的交易员相比，经验不足的交易员应该持有更多现金，交易规模更小的头寸。

观察投资组合风险

投资组合风险可以在绝对风险或增量风险的背景下观察。绝对风险（或回报），顾名思义，在任何情况下都是绝对的。此类风险包括标的股票价格或市场的大幅波动，或所有时间溢价的蒸发。因此，绝对风险由到期损益图表示。增量风险是指期权价值的定价影响因素增量变化带来的风险。增量风险通常更有用，因为大多数有经验的期权交易者会在期权到期前平仓。这类风险是由希腊值衡量的。绝对风险和增量风险都必须受到监控和限制。

头寸的损益图

期权风险管理是分层的。每个单独的期权都有风险，必须加以监控。而且，由于每个期权价差组合都是由单个期权组成的，所以它也有风险，必须小心观察。同样，每个期权类别可能由一个以上的价差组合组成，因此必须作为风险单位予以密切关注。每个由多个期权类别组成的投资组合都有风险，也必须加以监控。事实上，整个期权组合可以被视为一笔单一交易。

许多期权用户界面为整个期权投资组合创建损益图。损益图是监测系统性风险的一个很好的工具。它简单易懂（尽管它需要计算机进行计算和绘图）、有价值，因为它在视觉上将投资组合表示为单一（可能是大量的）头寸。但它在某种程度上也是有局限的，比如，损益图没有显示出像 Theta 值和 Vega 值那样的增量风险。因此，交易员必须设定风险阈值并不断调整风险限额。

风险阈值

风险阈值是指为各种风险指标设定的最大界限，具体来说，就是交易者为头寸希腊值和总投资组合希腊值设定的最大值——具体根据不同部分的风险管理而有所不同。

头寸风险阈值

设置头寸风险阈值很像做预算，第一步是知道你有多少可用的。这意味着交易者必须知道他们每个头寸上的风险承受能力，比如，我每笔交易上有多少个 Delta？在一个头寸上我能承受多少个 Vega？

在交易所（交易大厅内⊖），交易者努力构建价差组合，让希腊值尽可能小。但当出现"单边纸"行情时（即全部都是卖出或全部都是买入），持仓的积累是不可避免的。当头寸的希腊值达到某一点时，交易者将不得不停止交易，以避免进一步累积头寸——这是对经济学基本规律的不幸违反。一般来说，在购买时，理性的人希望根据共同的供求曲线以更低的价格购买更多（或以更高的价格卖出更多），但是当交易者越来越多地买入（或卖出）时，在某一点上，他们达到了风险阈值的极限，必须停止积累头寸。

投资组合风险阈值

头寸风险阈值不是累加的。期权投资组合必须存在一些自然的抵消，或者更好的做法是实现多样化。正如投资者试图分散他们的投资组合一样，交易者也需要分散他们的交易组合。

对于投资组合来说，投资者通常分散地投资在各个行业，如科技、零售、境外股票和成长股等。但对于期权投资组合来说，交易者必须在方向、时间和波动率等以期权为中心的资产类别内和类别之间构建价差组合。以一种迂回的视角来看，这是适用于分散模型交易的相同概念。交易员将投资组合视为一个大头寸，在进行单笔交易时，他们总是能意识到主价差组合。

⊖　为译者加注。

交易者必须努力持有他们看好资产（预期的市场表现优胜者）的 Delta 多头，持有他看空资产（预期表现不佳的资产）的 Delta 空头。理想情况下，交易者在所有交易中的方向都是正确的，但并不是每一笔交易都必须是方向性赢家：这是某种价差组合。如果市场整体上涨，预期表现优胜者的涨幅应该高于市场整体，而预期表现不佳者的涨幅应该较小，从而使价差组合有利可图；相反，如果市场整体下跌，预期表现优胜者的跌幅应小于市场整体，而预期表现不佳者的跌幅应更大——这再次使价差组合成为赢家。

同样的概念也适用于波动率价差组合。对于单个头寸，交易者必须只在波动率定价过低时做多波动率，在波动率定价过高时做空波动率。理想情况下，所有波动率都会回归均值，从而产生全面的赢家。但是，还是那句话，这是没有必要的。如果交易者正在进行深思熟虑的波动率交易，价差组合整体上应该表现良好，其目标是大多数头寸会赢，而有一些头寸会输。

风险阈值基准

多大的风险才算太大？这一结论有些主观，取决于许多因素，包括交易者的资金实力、个人风险承受能力和交易风格。但这里有一些头寸风险阈值和投资组合风险阈值的基准可供遵循。

Delta 风险阈值

Delta 风险阈值有两种形式：标准化 Delta 阈值和 Beta 加权 Delta 阈值。

标准化 Delta 阈值

100 个通用电气公司股票的 Delta 多头并不等同于 100 个苹果公司股票的 Delta 多头。在写这本书时，通用电气的股价为 18 美元，而苹果公司的股价为 330 美元。苹果公司股票的名义波动比通用电气要大得多——苹果公司一周内就能波动 18 美元。

为了标准化 Delta，交易者用头寸 Delta 值乘以股票价格。因此，如果一个交易者在通用电气和苹果公司都持有 100 个 Delta 多头，他就会有 1800 个标准化的通用电气 Delta（即 18 美元的股价乘以 100 个Delta）和 33 000 个标准化的苹果公司 Delta（即 330 美元乘以 100 个Delta）。显然，这两者有很大的不同。

在实际操作中，考虑到风险容忍度、资金实力和其他因素，交易者必须决定他们愿意持有多少标准化的 Delta。例如，交易员可能决定将阈值设置为 50 000 个标准化 Delta 多头或空头，如果交易者积累的头寸标准化 Delta 值多头或空头超过 50 000（由于增加期权库存头寸或因Gamma 而获得 Delta），那么他就必须降低头寸持仓，以便回到合规范围内。

Beta 加权 Delta 阈值

贝塔系数（Beta）将一只股票与市场大盘（通常是标准普尔 500 指数）联系起来。贝塔系数为 2 的股票价格变动幅度预计是标准普尔 500 指数的两倍；贝塔系数为 0.5 的股票价格变动幅度预计是标准普尔 500 指数的一半；贝塔系数为 1 的股票价格变动幅度应该与标准普尔 500 指数同步，依此类推。因此，如果 Delta 是 Beta 加权的，交易员可以在对等的基础上比较不同股票的 Delta，其共同点是与标准普尔 500 指数的关系。

如今，许多期权平台为交易者提供了 Beta 加权 Delta。这使得头寸 Delta 值之间很容易相互关联，无须交易者将值导入电子表格或手动计算。投资组合 Delta 阈值应始终按照 Beta 加权 Delta 来考虑。

Theta 风险阈值

交易员的正 Theta 再多也不为过。交易员需要担心的是负的 Theta（即，随时间衰减而每天出现亏损）。对于投资组合整体和每个单独的头寸，交易者都必须为负 Theta 设定一个金额限制。

投资组合 Theta 的风险阈值，同样是主观的和个人的，但应将其视为投资组合总价值（包括头寸和现金的所有价值）的百分比。作为基准，交易者可以将最大负 Theta 阈值设置在投资组合总价值的 0.5% 到 1% 之间，0.5% 偏保守，1% 偏激进。

每个单独的头寸也必须有一个按金额设定的 Theta 阈值。这可以被认为是整个投资组合的一个百分比，或者是通过反复试验得出的一个直接数字（金额）。头寸阈值的百分比应该远远小于投资组合阈值。同样，由于交易者分散投资，将一些资金分配给正 Theta 投资，另一些分配给负 Theta 投资，每个头寸的 Theta 阈值累加不一定是投资组合的阈值。

Vega 风险阈值

类似的道理也同样适用于 Vega 风险阈值，但 Vega 没有多头或空头的差异，无论是正 Vega 还是负 Vega 都可能代表着损失的风险。头寸和投资组合的 Vega 阈值适用于正 Vega 或负 Vega。尽管 Vega 阈值是主观的和个人的，以下是设置 Vega 阈值的一些参考点。

与 Theta 一样，投资组合的 Vega 阈值应设定为总投资组合价值的百分比。但 Theta 是有倾向性的，只有负 Theta 是对投资者不利的，Vega 却不是这样。正 Vega 或负 Vega 都代表风险。此外，隐含波动率可能保持不变，在 Theta 不变的情况下并不是风险。因此，设置投资组合 Vega 风险阈值可以比 Theta 阈值略宽松一些。一个合适的基准范围是正 Vega 或负 Vega 的 0.75% 到 1.25% 之间——但要小心。

风险阈值是最大值，每个头寸都应视市场状况而定。例如，如果 VIX（市场隐含波动率的基准指数）异常高，交易者应该对持有接近其投资组合最大正 Vega 阈值的头寸感到不安。风险阈值就像限速标志，除了遵守法律，你最好还要看着路。换句话说，为自己设定限额，但当波动率头寸看起来似乎比平时有更大的风险时，依据常识和情景分析实施更严格的限制。

一个健康的、波动率多样化的、具有累积波动率胜算的投资组合意味着，交易者将在波动率定价过低的期权类别中持有正 Vega 头寸，在波动率定价过高的期权类别中持有负 Vega 头寸。因此，单个头寸的 Vega 绝对值加起来可能超过投资组合 Vega 阈值。尽管如此，它们仍必须受到限制，应将单个头寸的 Vega 风险阈值设置为略小于投资组合的 Vega 风险阈值。

Gamma 与滑动风险

到目前为止，希腊值中还没有被讨论过的是 Gamma。我们也可以为 Gamma 设定风险阈值，但是，有一种更好的方法来控制 Gamma 风险：交易员应该为滑动风险（Sliding Risk，也称"涨跌风险"）设定限额。

正 Gamma 总是受欢迎的，但是负的就不太受欢迎了。可以肯定的是，标的资产价格的小幅变动并不是什么大事。但负 Gamma 加上标的资产价格的大幅波动可能意味着麻烦——大麻烦。事实上，如果交易者不小心，可能会出现终结其职业生涯的麻烦。

对于期权空头（Gamma 空头）头寸，交易者可能会亏得比赚得多。我让学生给我看他们认为能产生收入的交易头寸组合，如果标的资产价格移动了 3 个标准差，他们的损失就会超过账户总额。在交易行业的行话中，这被称为"炸毁"。

交易者必须考虑到标的资产价格的基准变动，并查看他们的投资组合损益图，这被称为"滑动风险分析"。一些交易者喜欢看出现上下 1 个、2 个和 3 个标准差价格变动后他们的损益图是怎样的。有些人，比如我，更喜欢以百分比变动为基准来考虑大幅上涨或下跌的风险。传统的滑动风险基准是上涨和下跌 10%、25% 和 50%。

一旦交易者选择了特定的滑动风险基准，他必须设置一个相应的疼痛阈值，并针对交易者自身进行个性化设置。疼痛阈值决定了在给定基准变动时，整个投资组合的最大可接受损失。例如，如果市场波动（上涨或下跌）10%，交易者可能允许自己亏损 30%；如果市场波动 25%，他可能允许自己亏损 35%；如果市场波动 50%，他可能允许自己亏损 35%。

由于期权的杠杆作用，以及这种分析旨在帮助保护在统计上很少发生的非常大的变动，在滑动风险分析中，最大可接受损失被推定为重大损失。这项技术是专门为防止"炸毁"而设计的。遵守滑动风险参数可以确保负 Gamma 或有偏差的 Delta 值不会给交易员带来终结其职业生涯（即不负责任）的风险。

表 16-1 是与基准相对应的疼痛阈值，是现实的保守起点。

表　16-1

基准	疼痛阈值
+/−10%	20% 的损失
+/−20%	25% 的损失
+/−50%（或更多）	30% 的损失

因此，坚持为其投资组合进行这种滑动风险分析的交易者，不会允许自己创建一个如果市场突然下跌（或上涨）10%，损失将超过 20% 的投资组合。如果市场下跌（或上涨）20%，交易员将确保他的损失不超过 25%。如果市场突然下跌（或上涨）50% 或更多，头寸不会被允许损失超过 30%。

个性化阈值

本章中使用的基准仅仅是基础的想法，交易者必须找到适合自己的方法。交易者设置的阈值可能比这里讨论的更高或更低。对于一些交易者来说，有些风险可能太大了。然而，对于投机性强、经验丰富的交易者来说，有些可能还不够。但是，它们只是极限，交易者的风险通常应该大大低于所设定的阈值。

注意：永远不要为了适应过大的头寸而改变阈值。阈值是在建立头寸之前，根据合理的逻辑设置的。阈值就是规则，除非交易者得出结论认为，已设置的阈值没有提供足够的空间来进行有利可图的交易，或者它们太宽松了，导致承担了过多的风险，阈值才能被突破。

修复不合规的投资组合

当投资组合违反风险参数时，可能是因为单个期权类别产生了不成比例的风险，或者是因为出现了导致几个类别走向违规的系统性风险。交易者应该不断监测单个头寸及其对整个投资组合的影响，并在风险隐患出现时解决问题。某个陷入困境的头寸可能是害群之马。当一个头寸不能作为解释投资组合不合规的全部原因时，交易员必须在微观调整和宏观调整之间做出选择。

微观调整期权组合风险

交易者进行单笔交易是基于胜算、成功概率和风险回报比等多种因素的结果。但随着时间的推移，如果波动率发生变化，或标的资产价格发生变化，胜算、成功概率和风险回报比也会随之发生变化。一度曾是强势的交易可能不再有曾经所预期的前景。这类交易应该被淘汰，或者至少应该缩减规模，使交易者能够在其他交易中更有利地运用资金。

当一个投资组合不符合风险阈值的规则时，交易者应该设法淘汰投资组合群体中的弱者。这就像当企业发现自己亏损时，它们必须找到表现不佳的部门，并进行费用削减或裁员一样。在交易中，当整个账户承担的风险太大时，就要剔除风险没有得到有效应用的单个交易。

宏观调整期权组合风险

交易者可以从整体上调整投资组合的风险，而不是改变投资组合的单个组成部分。交易者可以通过交易基于指数的基础工具的期权来调整投资组合的 Delta 值、Gamma 值、Theta 值或 Vega 值，该基础工具代表与投资组合具有相似风险的一揽子标的。或者，他们可以用基于指数的期权、期货或交易所交易基金（ETF）来调整 Delta 值。

例如，如果一位拥有大型多元化投资组合的交易者的 Delta 多头违反了他投资组合的 Delta 风险阈值，他可以通过卖出 SPY 股票，卖出 E-mini 标准普尔 500 期货，买入深度实值 SPX 看跌期权或其他方式来对冲并使之回到合规状态。违反投资组合 Vega 风险阈值的交易者可以买卖具有相关外在价值的 SPY 或 SPX 期权、VIX 期货或期权等。

为了有效对冲投资组合风险，交易者必须确保在不违反其他风险参数的情况下抵消不合规风险。例如，假如一位交易者的 10% 的滑动风险对于设定的疼痛阈值来说太大了，且交易正接近正 Vega 的阈值。为了对冲上行方向的滑动风险，交易者可以买入 SPX 看涨期权。但是看涨期权多头可能会使交易者违反他设置的正 Vega 阈值，因此，交易者可能会考虑卖出 SPX 看跌期权。

完美对冲

有效的投资组合对冲需要创造力。由于大多数期权交易有多种风险属性（Delta、Gamma、Theta 和 Vega），交易者应该做出对冲计划，解决多种风险属性问题，并试着消除意外风险。交易者必须将单个期权交易整合到他们的投资组合中，就像拼图者需要恰到好处地将每块拼图拼合在一起一样。此外，他们应该努力总是在单个交易中获得波动率胜算。这是最优投资组合对冲的理想组合。

例如，假设一位交易者的 Delta、Vega 多头都接近投资组合的风险阈值。理想情况下，在考虑宏观投资组合风险调整之前，交易者应该对他看空的、隐含波动率定价过高的股票构建收入型看涨期权价差组合。这样，交易者就减小了投资组合的 Delta 值和 Vega 值，并进行了明智的交易，获得了胜算。或者，交易者可以设法消除持仓中不再具有波动率优势的支出型看涨期权价差组合，这样做也有同样的效果。

第 17 章

做市商与散户的共生关系

我经常听到媒体上的人（特别是没有真正交易经验的人）说，普通交易者根本无法与做市商这个宇宙中技术含量高、资本极充裕的大师竞争。我甚至从真正的交易员（通常是新手）那里也听到了很多这样的话。做市商往往被视为敌人。这是因为做市商被认为是富人与穷人关系中的富人吗？或者仅仅是由于人们对不理解东西的恐惧？也许这只是一种小小的转移性攻击。不管是什么原因，这种毫无根据的将做市商妖魔化的现象是存在的。但是，做市商通常也以同样的方式看待市场接受者。

不祥的市场接受者

"他是怎么知道的？"有时我会听到有人在交易大厅里大喊大叫。（在这句话之前或之后通常会出现创造性的咒骂。）诚然，我偶尔也会大喊大叫。当我们做市商进行交易时，我们会站在那里，关注着自己的事情，眼睁睁看着交易逐渐对我们不利，并很快给我们造成了巨大的损失。就像有魔法一样，交易另一边的人怎么会知道的呢，就在那个非常的时刻，他怎么知道股票将会快速上涨？

事实是，交易者可能也不知道一切我们不知道的事情，他只是碰巧有一些好运。但在那个时刻，这种巧合看起来肯定是不祥的。运气会时不时到来，在我的职业生涯中，我经历了很多次（好运和厄运）。在一些偶然的情况下，交易会突然变得非常可怕；但有时，它们又会突然变得有利于我。当然，当交易碰巧按我的方式进行，即我是运气的受益者时，交易另一边的散户肯定在非常激烈地咒骂我的同行。

零和博弈

期权交易不是零和博弈。双方（做市商或市场接受者）都不太关心对方是否赚钱，那无关紧要。在交易过程中，唯一真正的零和博弈是买价和卖价之间的差价。这就是做市商希望获得的利润，也是散户希望尽可能少放弃的部分。这就是做市商和市场接受者争夺的全部所在。

尽管在交易中，做市商和市场接受者处于对立的状态，但他们有一个共同的目标：赚钱。事实上，我认为他们（通常他们自己都不知道）是在相互帮助。尽管他们可能处于同一份合约的两端，但事实上他们交易的是两种截然不同但不一定完全相反的东西。

波动率交易与传统的头寸交易

市场接受者通常通过头寸交易赚钱。买卖价差只是做这笔生意过程中必须承担的成本之一。市场接受者通过方向性地买入多头或空头头寸进行交易，或者在准波动率交易中持有多头或空头头寸，这种交易通常是盈亏平衡分析交易（在这种情况下，标的资产价格必须保持在损益图中盈亏平衡点的范围内，或者超出盈亏平衡点范围——以便获利）。

散户交易的期权策略必须是高利润交易策略。即使是在有些保守的方向性交易上，散户交易者也希望（也需要）在短时间内实现两位数的回报率。放弃买卖价差，承担杠杆亏损的可能性要求交易获胜者拥有高百分比的回报——由于交易中存在杠杆效应，他们的确可以做到。对于收入型交易，市场接受者希望赚取交易最大潜在利润中的大部分（如果不是全部的话），这通常也会在短时间内帮助交易者实现两位数的风险回报率。市场接受者试图好好利用期权提供的杠杆。

做市商利用与对手方市场接受者交易相同的期权合约建立头寸，但做市商交易的头寸功能完全不同。做市商对交易的看法，甚至他们的命名，都与散户截然不同。一个恰当的例子：对做市商说"铁鹰"式价差组合，你很可能会被茫然地盯着。

在一个完美的世界里，做市商只想交易买卖价差（即以买价买入，以卖价卖出，然后平仓回家）。他们想要市场活跃，他们想要市场流动性，他们想要进行全天候买入卖出交易。问题是，他们不能。他们不能每天都在每个执行价格上平仓回家，因为没有足够的双向订单流。他们总是会积累头寸。做市商最终变得非常善于管理头寸，因为他们总是持有世界上其他人放弃的头寸。

做市商积聚风险后，再降低风险，这是自然的。他们交易的头寸是Delta中性的，因此，他们必然是波动率交易者，因为波动率交易的风险通常低于方向性交易。与市场接受者相反，做市商对冲杠杆。

交易双方的理念需要非常明确，且从双方的独特角度出发进行表述：市场接受者以高于他们购买时的权利金的价格出售期权（或期权头寸）为生；做市商通过以高于他们买入时的波动率卖出波动率谋生。尽管他们可能在同一期权上是完全相反的对手方，但他们不同的交易视角造就了一种共生关系。

做市商和市场接受者之间的共生关系

做市商的阴需要市场接受者的阳——做市商提供市场接受者需要的流动性，市场接受者提供做市商需要的订单流，但两者之间真正的共生之处在于波动率市场的自然无效性，这种市场是由这两方相互交易产生的。

波动率定价的自然无效性

如前所述，做市商的目标是卖出比他们买入时更高的波动率，他们更愿意以买价买入，以卖价卖出并避免长期持有头寸来做到这一点。他们需要在微薄的利润下工作，需要精打细算。

例如，做市商可能在 32 波动率水平下持有 0.03Vega 值的波动率多头头寸，然后在 34 波动率水平下卖出，从而锁定 6 美分的利润（0.03 的 Vega 值乘以 2 个波动率点）。做市商不在乎标的资产价格是涨还是跌，这不是他们所交易的，他们交易的是衍生产品，而不是实际的证券，他们交易的波动率点通过 Vega 值变成了美分。

然而，大多数市场接受者不在乎他们买的是 32 波动率水平还是 34 波动率水平。（也许他们应该这样分析，但通常情况下，他们并不这样做。）几美分通常不会引起他们的注意。许多散户认为，这些小钱对每笔交易的结果并不重要。如果我卖出一个铁鹰式价差组合，希望它无价值到期，那么我是以 2.90 美元还是 2.92 美元的价格卖掉它真的有关系吗？如果我以 2 美元的价格买入一个看涨期权，稍后我是以 5 美元还是以 5.05 美元的价格卖出它有关系吗？许多散户会说没关系。

　　许多散户完全无视波动率水平，当然，他们并不能确定他们买入或卖出的波动率水平到底是多少。许多即使是最好的、主要为散户服务的在线期权经纪商，也只为期权链中的每种期权标出一个隐含波动率值。那个数字是什么意思？买价的隐含波动率？卖价的是多少？在市场报价中间的某个位置？它能代表当前的市场状况吗？散户可以获得的隐含波动率数据远不如专业交易者使用的数据准确。

　　当散户对隐含波动率漠不关心地交易时，他们为波动率交易员创造了机会，所有这些漠不关心加在一起就是原因。做市商通常精确地分析到波动率点的十分位，他们准确地知道买价和卖价对应的波动率水平以及它们的理论价值。他们必须这样做，波动率就是他们正在交易的标的。

　　每种期权都存在供需关系，供需关系影响其市场价格。但从原理上来讲，这是通过隐含波动率实现的。如果股票价格上涨，看涨期权价格的上涨不是因为需求压力，而是因为期权相对价值状态的变化。随着时间流逝，看涨期权将变得更便宜，这不是因为供应压力，而是因为时间衰减。隐含波动率才是真正衡量供需对期权影响的指标。

　　虽然隐含波动率通常被定义为市场对标的资产价格未来波动率水平的预期，但实际上，隐含波动率会随着买卖压力的变化而相应地变化。这是假设（在我看来，通常是错误的）购买和抛售压力是市场对未来波动率预期的结果。但买卖压力往往来自散户的交易，他们对波动率水平根本漠不关心。

例如，想象一下，一份流行的期权时事通讯建议其订阅用户购买特定系列中未对冲的、近月交易的平值看涨期权，比如迪尔公司 5 月到期、执行价格为 90 美元的看涨期权，以投机标的股票价格会上涨。如果根据通讯推荐交易的交易者只对看涨期权权利金杠杆增量感兴趣，而对波动率并不感兴趣，他们将继续以卖价买入，而不管波动率水平如何。即使市场对标的资产价格未来波动率的预期没有发生任何根本变化，隐含波动率也会被抬高。方向性交易会无意中影响隐含波动率，并导致隐含波动率无效。

波动率市场无效，是因为有大量的市场参与者在波动率市场交易，但他们不交易波动率。这有利于交易波动率的做市商。这促进了他们的业务，也加剧了他们之间的竞争。他们更激烈地争夺令人垂涎的被错误定价的波动率，从而保证散户获得市场价差更小、市场流动性更好的市场。这是一种真正的共生关系。因此，我相信期权市场应该会在相当长的时间内保持活力。

第 18 章

把玩数字

解释期权数据

　　如果不与市场意见相左，你永远不会交易。如果一种期权的交易价格是 5 美元，交易者会买入的唯一理由是他认为这个期权的价值超过 5 美元。这是基本的常识。同样，为什么有人会以 5 美元的价格卖出？显然，因为他认为这个期权的价值不到 5 美元。不同的观点创造了市场，并用流动性来传播观点。

　　市场之所以存在不同意见，是因为没有人能看见未来。没有人确切地知道将来会发生什么。因此，我们都在寻找拼图中的碎片，试图更清楚地了解正在发生的事情。

　　这就是为什么分析对交易如此重要。我们使用技术分析、基本面分析和波动率分析来更清楚地了解每个交易机会，充分了解过去发生了什么，现在正在发生什么，并以头寸对未来进行投机交易。帮助交易员了解情况的方法之一就是对期权的成交量和持仓量进行研究。

成交量与持仓量

成交量和持仓量是两种期权数据，它们组合起来能提供很多的信息，帮助交易者了解期权类别中正在发生的事情。成交量是指在一个交易日内交易的合约数量。成交量逐笔累加直到交易日结束。每个交易日开始时，所有在交易期权的成交量都从零开始累加。持仓量是指存在或未平仓的合约数量。持仓量是一个逐日累加的累计总额，一直持续到合约到期。持仓量随着合约的创设（开仓）和平仓而增加和减少。

正如人们想象的那样，成交量和持仓量是有用的信息。交易者监控成交量，并将其与持仓量进行比较，以了解合约是开仓还是平仓。事实上，许多交易者正是以这种方式使用成交量和持仓量数据的。但可以肯定的是，这两个数据本身并不能为交易者提供任何有用的信息。要想完整地了解某一特定期权类别的情况，成交量和持仓量必须与更多信息结合起来——其中一些信息是可以知道的，但不幸的是，有些信息是不能知道的。

综合成交量和持仓量分析

交易者首先必须对成交量和持仓量进行研究的是时间和成交数据。完整的时间和成交数据是每笔买价、卖价和成交及其相应规模的运行时间戳。⊖有了这些信息，人们可以更深入地了解实际发生的情况。

想象一下，交易者比尔正在监控雅虎股票期权的成交量。在本例中，该公司的股价为 15.90 美元。比尔注意到有一天在 3 月到期、执行价格为 16 美元的看涨期权上有一笔 1000 份合约的交易。比尔注意到了

⊖ 许多散户经纪商不提供完整的时间和成交数据，精简版通常只包含交易价格、交易规模和时间。

这一点，并分析了持仓量。他发现当天持仓量增加了 1000 份。现在，比尔知道了什么呢？他知道有人发起了一笔交易，在雅虎 3 月到期、执行价格为 16 美元的看涨期权上建立了头寸。他能利用这些信息做什么？他什么也做不了。

是不是有人买了看涨期权？他们把看涨期权卖了吗？它是价差组合的一部分吗？是备兑看涨期权吗？当然，从这些有限的信息中无法推断出方向性交易的迹象。

为了更好地了解发生了什么，比尔想知道交易的价格，以及发起交易的市场接受者是在买入还是在卖出。为什么只能是市场接受者？因为市场接受者（例如，散户、机构或自营交易者）显然是在这些期权上下了大赌注的头寸交易者。做市商被认为是头寸交易的对手方，他们只是在吸收流动性并交易波动率。

比尔必须分析时间和成交数据。在查看时间和成交数据后，他注意到，在 12 : 02 : 41 这个时间点上，1000 份合约以 0.70 美元的价格成交，而市场买价为 0.65 美元，卖价为 0.70 美元。现在，比尔有了更多的信息可使用。首先，他确定这的确是一笔 1000 份合约的单笔交易。其次，他知道了它的交易价格。但更重要的是，他知道该交易是以卖价成交的。有了这些信息，比尔可以推断，市场接受者买入了看涨期权，并创建了一个新的 1000 份合约的头寸。

情况变得相对明朗了，但比尔现在能不能利用这些信息呢？他知道，在世界上的某个地方，有人满怀信心地购买了这些看涨期权，毕竟，1000 份合约是一笔相当大的交易。这是不是意味着比尔也应该持有多头头寸呢？不一定，因为比尔不知道这一大笔交易背后的交易者的动机。

为什么这个大玩家会在开盘时买入这些看涨期权？可能交易者对标的资产价格持看涨态度，但这可能不一定是真的。

这笔交易可能是直接的多头买入，但它也可能是价差组合的一部分——也许是收入型价差组合，可能交易者也卖出了较低执行价格的 3 月到期、执行价格为 15 美元的看涨期权。如果是这样的话，这表明了一个适度看跌的预期。它还可能是 2 月—3 月日历价差组合的一部分，表明交易者认为股票价格将在未来几周内停留在一个区间内。交易者也可能是利用股票进行 Delta 对冲的波动率交易者，这表明交易者认为隐含波动率定价过低，或者认为存在 Gamma 剥头皮机会（即股票价格可能会出现波动）。3 月到期、执行价格为 16 美元的雅虎看涨期权多头甚至可能是投资者卖出谷歌看涨期权或百度看跌期权配对交易的一部分。因为不知道交易者的动机，所以比尔真的不知道如何从成交量、持仓量、时间和成交数据中获利。

在收盘阶段买入、开盘阶段卖出或收盘阶段卖出也可以这样分析。例如，如果比尔观察到这一看涨期权是一笔开盘卖出交易，它可能是裸看涨期权头寸（看空）、备兑看涨期权（适度看多）的一部分、支出型价差组合的一部分（看多）或收入型价差组合的一部分（看空）。交易者很容易欺骗自己，让自己认为自己在市场上看到了什么，而实际上，其中的大部分（往往是绝大部分）是被掩盖的。

使用成交量和持仓量数据存在一个超级缺陷，这一缺陷甚至比迄今讨论的一切都更重要。那就是，即使比尔知道这位交易者在想什么，交易者也可能错了。许多时候，散户认为专业交易者是无所不知的先知，他们肯定知道未来会发生什么。但事实并非如此。专业交易者通常都只是聪明而已（否则，他们也做不了很长时间的交易员！），没有人是完美的，也没有人确切地知道未来会是什么样子。

成交量和持仓量的分析很像使用股票图表和指标的技术分析，它不能预测未来。它收集可用的数据，帮助分析员更好地了解一直在发生的事情，以及目前正在发生的事情，这样他就可以对未来做出更加明智的决定。对成交量和持仓量的分析提供了重要信息，我鼓励交易者使用这些信息。但你最好确保你不仅了解它的优点，还了解它的局限性。

解读隐含波动率数据

本书的大部分内容都讨论到了隐含波动率，它是期权交易的核心。要理解期权，就必须理解隐含波动率。但这里又是一个分析领域，交易者可以确定一些重要信息，但他们往往会欺骗自己，认为自己看到了一些东西，但实际上他们并没有。

前一章讨论了波动率定价的无效性，这是由于做市商和市场接受者的交易出发点不同而造成的。隐含波动率并不是市场通常定义的对未来波动率的估计，它是明确衡量期权供给和需求的指标。因为隐含波动率高并不一定意味着标的资产价格会出现大幅波动，低隐含波动率也不意味着市场价格将保持稳定。这是因为，首先，波动率市场效率不高；其次，即使市场效率高，市场也可能是错误的。

投机与保护

做市商和市场接受者均有两种不同的交易动机，他们都是为了投机或保护而交易，但他们以不同的方式交易。

理解市场接受者的动机相当简单。一般而言，他们倾向于在标的资产价格变动时买入期权以投机，在标的资产价格保持在一定范围内时卖出期权。即使是方向性交易通常也是如此。在价格大幅波动时，只买卖看涨期权或看跌期权比构建价差组合获利更多。因此，当交易者预期价格将大幅上涨或下跌时，他们会分别买入看涨期权或看跌期权；当他们预期波动率将有较小的方向性波动时，他们会头入支出型价差组合，甚至可能卖出收入型价差组合。因此，当交易者总体预期价格波动更大时，就会给波动率市场注入更多需求压力。

同样的情况也适用于卖出压力。收入型交易者更加谨慎，当他们对卖出波动率比较没有信心时会使用更多保护（也即期权多头）。他们越不认为市场价格会变动，他们越愿意接受负 Gamma 和负 Vega 头寸，这给市场带来下行（供应）压力。市场接受者掌握着隐含波动率走向的控制权，尽管他们对其产生影响的精确度是低的。

做市商通过对订单流做出反应来提供流动性。了解他们是如何基于投机或保护做出反应的，有助于理解流动性，从而了解潜在的隐含波动率变化幅度。

首先，做市商的交易大多是防御性的，他们很少主动对波动率或其他情况建立头寸。当他们积累头寸时，他们渴望分散风险。他们对头寸的担忧有时可以从波动率的走势中看出。例如，有时隐含波动率快速上升或下降，速度超出人们的预期，且没有任何明显的推动力（例如，财报发布前波动率的上升）。在这些情况下，市场不会像往常那样吸收买价或卖价上的合约。这一情况明显体现在买价或卖价上的合约数量比平时更少，因此，波动率必然以更快的速度上升或下降。

例如，某个流动性较好的期权类别的买单和卖单上通常有 100 份合约。现在想象一下，市场变化了，买价上只有 10 份合约，卖价上有

150 份合约，这种情况持续了一天或更久。这个场景很能说明问题。坦率地说，这可能露出了做市商的底牌。在这种情况下，做市商显然更急于卖出波动率。为什么？他们是否急于投机价格会下跌？不一定。更有可能的是，他们拥有很多期权—— 太多了，并且做市商担心他们的 Theta 空头和 Vega 多头。他们需要保护自己的头寸免受持有这些风险的影响，他们渴望离开。

有时，做市商在卖出波动率方面会更积极一些，但他们的行动通常是先发制人的，而不是投机性的。例如，波动率交易员需要在交易所三天周末的法定节假日休市前先发制人。做市商有额外一天的 Theta，且不能 Gamma 剥头皮。因此，为了保护自身头寸，做市商需要更积极地降低波动性，以免购入太多时间衰减的期权。在这些情况下，他们有时可能会稍微激进一些，试图成为首批降低波动率的交易者，在隐含波动率预期下降之前卖出期权做空 Vega。

交易者需要记住隐含波动率的高低能破译什么，不能破译什么。隐含波动率不能预测未来的波动率水平——至少不那么准确。但是，由于波动率往往存在均值回归，当波动率高于或低于均值时——尤其是显著高于或低于时，交易者应该尝试找出原因。在这样做的过程中，他们需要考虑做市商和市场接受者的心理。在挖掘答案的同时，交易者可能会发现存在利用波动率错误定价的交易机会。

第19章

来自期权宇宙中心的故事、传言和冒险

你可以把交易员从交易池里带出来，但你不能把交易池的印记从交易员身上带走。我在芝加哥期权交易所做市商的经历永远地改变了我思考问题的方式。我倾向于为每一件事分配赔率，并从风险回报比的角度来看待几乎所有的事情。

不久前，我和几个朋友出去吃饭。我们坐在外面，这时，天空开始变暗，乌云密布。我们这群人开始讨论我们是否应该搬进屋里去。餐桌上的一个人建议我们待在外面，因为晚些时候才会下雨。我简直不敢相信！待在外面对我们没有任何好处，只有风险。也许，我有点过了。

不过，在踏入交易大厅之前，我已经像交易员一样思考了。交易非常有助于培养我的性格和思维方式。一直以来，我对这一点非常肯定：我从来都不是一个想当然的人。我一直喜欢解谜，我一直都很有竞争力。

事实上，这关乎输赢

这是交易员喜欢做的一件事：竞争。在我在芝加哥交易行业的职业生涯中，我看到过，参与过，在你能想到的每一种比赛中友好地下注。在交易大厅的休息时间里，经常会有力量的比拼：俯卧撑比赛、跑步比赛、憋气比赛——任何你能想到的事情都能比赛。食物方面的比拼是看一个人能吃多少鸡蛋或汉堡，能喝多少牛奶或碳酸饮料。如果这一切都过时了，就看看让一个人自己剃光头要花多少钱，这是一件非常有趣的事，也是一个有趣的心理实验，这最终补贴了场内经纪助理的工资。

似乎总有游戏在进行。在我交易的那个交易池里，我们会做脑筋急转弯，互相问对方一个基数中的某个数字是多少，例如，"32 在基数 7 中是多少？"博弈论问题和晦涩的琐事也能用来打发时间。有一段时间，我们建了一块拼字游戏板。当你和交易者玩游戏时，你才真正学会了玩拼字游戏的策略。而且，当《价格猜猜猜》（Price Is Right）节目出现时，我们总会切换电视频道观看。

任何人如果想要成为真正的竞争者，先决条件就是要开朗大度。如果你不学会输，你就不能学会赢。而且，在很大程度上，我们的比赛只是友谊赛。但每隔一段时间，争执就会爆发（但注意，我们在拼字游戏上从来没有发生过争执，我们在交易池里放了一本官方的拼字词典）。当不同意见升级时，每隔一段时间，谈话就会以口头的宣战结束："我会和你在那匹马前碰面的！"

就在 CBOE 的门外，有一座巨大的马雕像。那是宣战语中战斗应该发生的地方。（然而，我从未见过真正的战斗。看起来我们的乐趣在于挑战本身，而不是真的发生战斗。）

交易员需要发泄一下情绪，不要让自己过于沉溺于交易。这一结果可能令人震惊，但交易有时可能会很有压力。当我全职在交易大厅工作的时候，我实际上并没有意识到自己当时压力很大。我爱死它了。直到离开交易大厅后，我的妻子才告诉我，我"现在成熟多了"。

开着电视睡觉

做市商不能做小规模交易，费用太大了，而且何必浪费机会呢？你在那里交易是有原因的。交易员管理着影响重大的大额头寸。我还记得有很多个不眠之夜，我思考着一个巨大的 Gamma 空头头寸该如何处理，如果一个令人惊讶的消息传出，导致股票价格出现跳空缺口，它肯定会成为终结我职业生涯的催化剂。我常常对第二天早上不得不去交易大厅而心存恐惧，但同时，我又迫不及待地想去那里。

更高的高点和更低的低点

在交易中，当你赚钱时，你就是天才；当你赔钱的时候，你就是个傻瓜。别人就是这么看你的。很多时候，这也是你对自己的感觉。这是一种心理过山车，比许多其他非交易人士所经历的更剧烈。做市商习惯了这种情况。他们习惯了一天赚几万美元或者亏几万美元，没什么大不了的，所以他们习惯了风险管理。

资深做市商不会承担不必要的风险，他们总是知道自己头寸的希腊值和风险阈值是多少，并且总是（尝试）在假期前清空风险头寸——如果不是为了风险，那就是为了方便。

　　我记得有一次去亚利桑那州旅行，当时我有几个未平仓头寸，其中许多都是 Gamma 多头，我需要当天对其进行对冲。我开车和妻子穿过沙漠，我一手拿着笔，另一只手拿着一张纸，上面写着我所有的交易指令，我的肩膀上夹着一部手机，我的膝盖放在方向盘上。你知道吗，在给场内电话经纪助理下单的过程中，我手机没信号了——当时正身处沙漠中央。给你提个醒：交易不是你度过假期的好方法。

　　做市商的生活并不总是充满压力。的确，有时我回到家，满身是汗和口水，身心俱疲，但有时做市商真的很无聊。

等待游戏：为什么（有时）做场内交易员真的很无聊

　　在电视上，交易看起来非常令人兴奋。但是，那是因为这是电视！电视往往只播放忙碌的日子，它们只播放戏剧。事实是，如果操作得当，交易应该会很无聊。做市商所做的就是做出反应。理想情况下，他们的反应是合乎逻辑的，而不是情绪化的，而且他们的工作非常机械。

　　有时我做市的股票上什么都没有发生，有时整个市场都很低迷。由于我不得不等待市场订单入场，所以真的没有什么事情可做。我就像一个坐在店里等顾客的店员，只是在交易池里有一整群人都处在同样的困境中。我们是怎么打发时间的？请参阅本章的"事实上，这关乎输赢"。

　　当我开始在 CBOE 交易大厅进行交易时，我大约 90% 的交易是通过公开喊价完成的，只有大约 10% 是通过电子交易完成的。当我离开交易大厅时，情况正好相反——大约 90% 是电子化交易完成的，10% 是公开喊价完成的。

　　当潮流开始从公开喊价转向电子交易时，我们常常思考交易大厅将会变成什么样子。我们开玩笑地说能很好地利用交易大厅空间的热门备选选项有：博物馆、保龄球馆或彩弹竞技场。尽管如此，交易大厅仍然存在，还可以进行交易。

但如今，芝加哥期权交易所的交易大厅看起来完全没有以前那么活跃了。交易所的成交量比以往任何时候都要大，但你在交易大厅中，几乎可以像谚语中所说的那样，能听到大头针掉在地板上的声音。现在几乎所有的交易都是电子完成的。一些交易员仍然在交易大厅进行交易，但大多数交易者是坐在电脑前，静静地看着屏幕。或许，交易所交易大厅将在很长一段时间内仍是交易员的家园，但方式与过去有所不同。

不要将安静的交易大厅与不活跃的交易混淆。交易所里热闹非凡，成交量一直在扩大。只是现在通过网络，交易者在大楼内的办公室或更远的地方进行交易。一旦电子交易允许远程做市，交易员就会分散在不同的地方。我想到时很多交易可能都来自气候更宜人的地方。

再见，欢迎来到俱乐部

当我刚开始做这一行时，我在交易大厅找到了一份工作。随着职业的发展，我意识到这不仅仅是一份工作，还是一种生活方式。期权行业的文化所触之处远远超出了我成长的交易大厅。它就像一个跨越全球的秘密俱乐部。我深爱着成为期权交易俱乐部一员的每一分钟，无论是好时光还是艰难时光，做交易都是一种很棒的生活方式。

我希望这本书能让你对这个行业有一个真实的看法，我很自豪能成为这个行业的一部分。我祝愿你——我的读者、交易者，在你的交易生涯中取得最好的成绩。欢迎来到俱乐部！